Une Mission diplomatique

EN OCTOBRE 1870

DE PARIS A VIENNE ET A LONDRES

PAR

F. REITLINGER

AVOCAT A LA COUR D'APPEL DE PARIS

[illegible] evrault & Cie, Éditeurs

UNE

MISSION DIPLOMATIQUE

EN OCTOBRE 1870

NANCY, IMPRIMERIE BERGER-LEVRAULT ET Cie.

UNE MISSION DIPLOMATIQUE

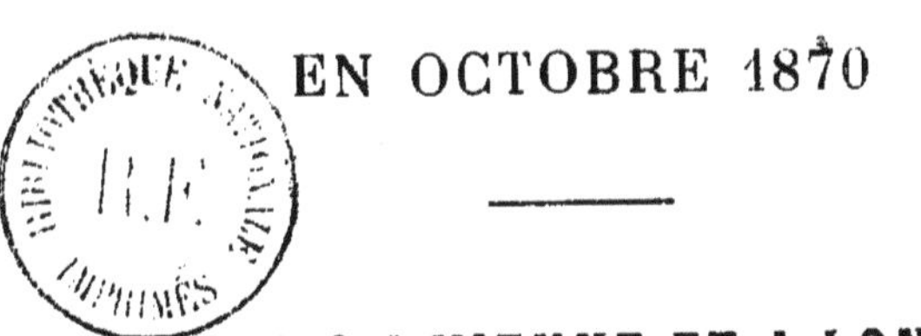

EN OCTOBRE 1870

DE PARIS A VIENNE ET A LONDRES

PAR

F. REITLINGER

AVOCAT A LA COUR D'APPEL DE PARIS

BERGER-LEVRAULT ET Cie, ÉDITEURS

PARIS
5, RUE DES BEAUX-ARTS

NANCY
18, RUE DES GLACIS

1899

Ces pages sont écrites depuis de longues années.

J'ai toujours hésité à les produire, mais quelques amis qui les ont lues me demandent avec beaucoup d'insistance de les publier.

Je cède à ces conseils, le lecteur dira si j'ai bien fait.

F. R.

PREMIÈRE PARTIE

LES DISPOSITIONS DE L'EUROPE

ET LA CONCLUSION DE LA PAIX

I

PARIS ASSIÉGÉ

LA SITUATION POLITIQUE

C'était dans la dernière semaine du mois d'octobre 1870. M. Jules Favre, alors vice-président du gouvernement de la Défense nationale et ministre des affaires étrangères, m'appela dans son cabinet, quai d'Orsay : « Vous allez me trouver « bien étrange, me dit-il; j'ai changé d'avis « depuis hier. Je voudrais vous confier « une autre mission. Je désire que vous « alliez à Vienne et à Londres. Les der- « nières nouvelles qui nous sont parve- « nues font espérer un revirement dans

« l'opinion publique en Europe. On com-
« mence à s'inquiéter de notre sort ; l'opi-
« nion semble se tourner en notre faveur ;
« les sympathies nous reviennent ; on
« admire notre résistance et peut-être
« n'est-on pas loin de désirer notre réus-
« site. » Et, de sa voix grave et merveilleusement timbrée, il m'exposait la situation telle qu'elle apparaissait à ses yeux. Paris admirable de courage et d'enthousiasme ; la France tout entière debout et décidée à la résistance ; l'Allemagne du Sud mécontente de la main de fer qui pesait sur elle, et désireuse de terminer une guerre, où elle avait été entraînée presque malgré elle, qui dévorait ses meilleures forces, et qui ruinait le pays ; enfin, l'Europe, revenue de son apathie, admirant les efforts de la France et souhaitant la fin de la guerre qui, en se prolongeant, menaçait de dégénérer en lutte de des-

truction, d'ébranler sérieusement l'équilibre et les intérêts généraux de l'Europe.

Je sais bien que ce tableau n'était pas exact sur tous les points ; je sais bien qu'il y avait beaucoup d'illusion dans cet espoir qui animait le grand cœur du patriote de voir l'Europe sortir de son inertie et élever la voix en faveur de la France vaincue contre le vainqueur; en faveur de ce grand peuple généreux qui avait tant combattu pour les autres et qui défendait maintenant son foyer et l'intégrité de son sol national contre une invasion formidable.

Aujourd'hui, nous connaissons tous les ressorts de ce cercle de fer qui avait enserré la France et maté l'Europe tout entière, en lui enlevant toute initiative et jusqu'à la liberté de ses mouvements; aujourd'hui, il est certainement facile de sourire de ces illusions généreuses ; à ce moment-là, tout le monde partageait ces espérances, et dans cette grande, dans cette noble et courageuse ville de Paris, où il y avait tant de dévouement, tant d'énergie, tant de patriotisme, tant de qualités réunies pour entreprendre la lutte suprême, la lutte pour l'existence, on aurait difficilement rencontré des esprits assez sobres pour trouver que l'entreprise était vaine; assez clairvoyants ou assez découragés pour regarder ces généreuses méprises comme autant d'illusions.

Vous qui avez supporté le siège de Paris, souvenez-vous, rappelez à votre esprit le changement prodigieux qui s'était opéré dans la situation depuis le 4 septembre, et dites si j'exagère.

Après le désastre de Sedan et lorsque les colonnes ennemies marchaient, sans obstacles, sur Paris dégarni de troupes, de matériel, de munitions, de tout ce qui pouvait permettre la résistance, on croyait que la guerre était finie, que la défaite de la France était achevée et qu'une résistance, ne fût-ce que d'un jour, serait absolument impossible.

On nous disait alors de « tenir » quelque temps encore, de résister et de durer quelques semaines seulement, pour permettre à l'opinion publique en Europe de se réveiller. Si Paris pouvait se défendre, s'il pouvait se maintenir seulement quelques semaines — nous avait-on dit, — l'impression serait immense en Europe, les sympathies nous reviendraient. La province aurait le temps de former une armée, d'accourir à notre secours, et l'Europe de faire entendre sa voix en faveur d'une paix honorable.

Voilà le langage que tenaient journellement les visiteurs *officiels* du quai d'Orsay à notre ministre des affaires étrangères;

et si l'esprit même de cette vaillante population de Paris n'avait pas exigé péremptoirement la résistance, les communications du corps diplomatique — pour ne pas dire les conseils, car il ne pouvait en donner — auraient fait au gouvernement de la Défense nationale un devoir impérieux de tenter le suprême effort de la délivrance. Et il l'a tenté, admirablement soutenu par l'héroïque cité. On nous avait demandé de durer, nous avons duré. La grande ville avait tenu, et non pas quelques semaines seulement : deux mois étaient bientôt passés depuis la catastrophe de Sedan, deux mois employés à préparer la résistance.

A l'époque dont je parle, Paris avait déjà subi plus de cinquante jours de siège sans faiblir. Que dis-je, sans faiblir? au contraire, plus les privations augmentaient et plus augmentait aussi son courage, plus augmentaient ses ressources, plus se fortifiait sa résistance : on avait improvisé tout un arsenal ; on avait fait sortir du néant une forteresse redoutable ; les remparts, dénués de tout à l'approche des Prussiens, s'étaient rapidement garnis de canons, de munitions et de défenseurs ; les citoyens paisibles s'étaient faits soldats ; les ateliers s'étaient transformés en fabriques d'armes... enfin, toute cette belle et charmante ville — la cité de l'esprit et du plaisir — s'était changée en un vaste camp de guerre, formant le centre des secteurs qui rayonnaient autour d'elle et qui la réunissaient étroitement aux remparts.

Un esprit de guerre avait soufflé sur les âmes, un enthousiasme viril régnait dans la ville, une confiance inébranlable enflammait tous les esprits et remplissait de courage les plus timides. Et avec le courage, l'espoir était rentré dans les cœurs, la foi s'y était rallumée, la foi du soldat, la conviction du succès.

On y croyait sincèrement.

Comment aurait-on pu admettre que tous ces grands efforts, toutes ces aspirations généreuses, tous ces dévouements sublimes resteraient stériles, que toute cette intelligence réunie à toute cette énergie, en un mot, tout ce grand, ce merveilleux élan d'une nation luttant pour sa vie tournerait au néant et à la déception !

Et l'Europe qui nous regardait et qui assistait à nos efforts resterait muette ! Elle se renfermerait dans une indifférence égoïste, elle se croiserait les bras et assisterait en spectatrice impassible à la mutilation de la France, à l'humiliation d'un grand peuple qui avait tant combattu pour les autres et qui luttait maintenant pour sa propre existence, elle laisserait démembrer ce pays si généreux et surtout si nécessaire à l'équilibre, à l'existence même de l'Europe! On ne voulait pas, on ne pouvait pas l'admettre.

Aussi, lorsqu'on nous rapportait qu'un revirement considérable s'était opéré dans l'esprit public en Europe, que les puissances, étonnées de nos efforts prodigieux, ne seraient pas éloignées de joindre leur activité à la nôtre pour arriver à la conclusion d'une paix honorable, ces nouvelles nous paraissaient très vraisemblables et elles trouvaient facilement crédit.

Et lorsque M. Jules Favre, changeant la mission qu'il voulait me confier la veille et dont il est inutile de parler ici, me pria d'entreprendre un voyage pour visiter les Cours de Vienne et de Londres afin d'essayer d'intéresser plus directement ces puissances à la lutte engagée et de les amener à une intervention efficace en notre faveur, l'entreprise valait bien la peine d'être tentée et j'étais fier d'en être chargé.

Je m'explique.

Lorsque la malheureuse déclaration de guerre fut lancée au milieu de l'Europe paisible et presque endormie dans une sécurité profonde, elle provoqua une stupéfaction et une irritation universelles. Tous les États avaient réduit leurs contingents, tous les Parlements venaient de terminer leurs travaux, après avoir jeté un regard souriant et satisfait sur la tranquillité complète de l'univers ; tous les souverains étaient en villégiature ou reposaient, les yeux doucement fermés, dans la partie la plus retirée de leurs résidences princières; tous les peuples vaquaient à leurs affaires et se préparaient, avec une sécurité absolue, aux travaux pacifiques de la moisson ; l'univers tout entier savourait les délices de la paix générale et se délassait dans une quiétude que nulle dissonance ne menaçait de troubler.

Le coup de canon de l'année terrible bouleverse tous ces États, réveille tous ces Parlements, stupéfie tous ces souverains, irrite tous ces peuples, et voilà le monde tout entier courroucé contre la nation qui, en tirant ce coup de canon sacrilège, jetait le fléau de la guerre au milieu d'une situation qu'on regardait comme l'âge d'or de la paix universelle ! La France avait troublé cette paix bienfaisante ; elle avait, sans raison appréciable, provoqué la lutte terrible ; tant pis pour elle si elle y succombait, puisqu'elle l'avait déchaînée elle-même, sans se soucier des intérêts généraux de l'Europe.

Voilà quel était l'esprit, « l'état d'âme »,

comme on dit aujourd'hui, de l'Europe au commencement de la guerre.

La France était complètement isolée, dans le sens le plus désolant du mot, c'est-à-dire que non seulement elle n'avait pas d'allié, mais elle n'avait aucune sympathie : tous les voisins, tous les États, tous les souverains et tous les peuples, même les amis d'ancienne date, s'étaient détournés d'elle comme d'une criminelle qui avait forfait au bonheur général.

Mais lorsque, après les désastres sans nom et sans précédent dans la glorieuse histoire de la France, la vaillante population des Gaules se redressait dans la défaite, comme une lame d'acier ; lorsque, la guerre finie avec les armées régulières, une guerre nouvelle commençait avec la Nation qui ne voulait pas se rendre ; qui voulait rester debout et combattre encore avec le glaive brisé, ramassé sur les champs de bataille de ses armées vaincues; qui voulait combattre et lutter pour l'honneur de la vie et l'intégrité du sol sacré de la patrie, alors les ennemis les plus obstinés saluèrent, avec admiration, cette résistance sans exemple dans l'histoire et contemplèrent, avec un intérêt grandissant, cette lutte d'un peuple à peine armé contre les armées les mieux aguerries, les mieux conduites et les plus formidables qui aient jamais envahi un pays ennemi. La France, coupable hier d'avoir entrepris la guerre, devenait un sujet d'admiration dans la défaite, l'image vivante des vertus civiques, et l'Europe, revenue de son irritation, commençait à suivre, d'un œil inquiet, le duel inégal et à en désirer la fin.

Nous pouvions donc espérer que nous trouverions auprès des grandes puissances, non pas seulement toutes les sympathies que notre résistance avait su inspirer à tout le monde, mais encore la ferme volonté de nous seconder dans nos efforts pour arriver à la conclusion d'une paix honorable.

Certes, je ne pouvais pas espérer, et je n'espérais nullement réussir à entraîner ni l'Angleterre, ni l'Autriche à la guerre contre la Prusse ; je connaissais trop bien les deux pays pour m'abandonner à une illusion à cet égard ; mais ce que nous espérions avec conviction, et ce qu'on pouvait espérer raisonnablement, dans l'intérêt général de l'avenir, c'est que les puissances européennes arriveraient à une entente en vue d'une paix acceptable et associeraient leurs efforts pour obtenir de la Prusse des conditions de paix moins dures que celles qu'elle avait annoncées hautement dès le premier jour de ses victoires.

Si l'Autriche et l'Angleterre voulaient sérieusement ce résultat, l'Italie, ce beau royaume pour la constitution duquel la France avait versé le meilleur de son sang, ne pouvait pas se soustraire à l'Union, et la Russie elle-même, la puissante et précieuse amie du vieux roi de Prusse, devait être heureuse de servir de médiatrice entre les trois puissances, ainsi réunies, et l'Allemagne.

On pouvait espérer, en effet, que les puissances s'entendraient pour tenir à la Prusse un langage de raison, un langage ferme et résolu, pour lui faire comprendre que l'Europe tout entière était intéressée à voir terminer cette guerre par une paix durable, par une paix dont les conditions pourraient être acceptées sans humiliation, et sans l'arrière-pensée de déchirer plus tard le contrat que la France aurait subi malgré elle en cédant seulement à la force et à la nécessité. Voilà ce que j'espérais sincèrement.

Ce qui est arrivé en réalité a démenti cet espoir ; mais cela ne prouve pas que nous ayons eu tort de le concevoir et de tenter l'entreprise. Et il arrivera certainement un jour — peut-être n'est-il pas éloigné — où l'histoire dira que la diplomatie européenne a manqué là une occasion des plus propices pour asseoir les bases d'une politique d'apaisement et préparer l'ère du désarmement général. Aujourd'hui déjà, ce rêve pourrait se réaliser pour le plus grand bonheur de l'humanité tout entière. Car, si la France n'eût pas été mutilée, quelle raison empêcherait maintenant le désarmement général de l'Europe ?

On nous avait parlé aussi des alliés de la Prusse.

Des personnes qui se disaient et qui

se croyaient bien renseignées avaient rapporté des bruits — à la vérité, bien extraordinaires — à l'Hôtel de ville.

La Bavière et le Würtemberg, fatigués, disait-on, de la guerre, fatigués surtout de voir toujours leurs soldats dans les premiers rangs, désiraient ardemment la conclusion de la paix. On allait même jusqu'à dire qu'un grand mécontentement animait l'Allemagne du Sud contre la Prusse et qu'une scission n'était pas loin d'éclater.

Il fallait une ignorance absolue de la véritable situation en Allemagne pour admettre un seul instant de pareilles chimères ! Il est certainement vrai qu'au mois de juillet 1870, ni la Bavière ni le Würtemberg n'étaient enthousiastes d'une guerre que les Parlements de ces deux pays n'ont pas votée sans difficulté ; il est vrai également que, au commencement de la campagne, une seule victoire, un seul petit avantage remporté sur les Prussiens, ou même une marche rapide portant l'armée française au delà du Rhin, aurait suffi pour exposer la Prusse à être isolée et à se trouver seule en lutte avec la France. Mais la situation avait complètement changé depuis les succès prodigieux et terribles des armées de M. de Moltke.

Au commencement, on craignait la France, et l'on ne tenait pas à s'embarquer dans une guerre dont l'issue était douteuse. Cette méfiance était si grande, que les provinces riveraines du Rhin avaient fait, en toute hâte, leurs préparatifs en vue de recevoir les « pantalons rouges ». On les croyait déjà sur le seuil et l'on craignait de les voir entrer du jour au lendemain. Mais lorsque l'on vit que les Français n'arrivaient pas, lorsque les Prussiens, après avoir passé le Rhin, remportèrent victoire sur victoire, un enthousiasme immense, une ivresse sans égale s'empara de l'Allemagne tout entière, et le peuple aurait chassé le roi, aurait écharpé le ministre, s'il avait pu y en avoir un seul qui eût voulu se séparer de la cause commune, de la guerre sainte de la patrie allemande contre l'ennemi héréditaire.

C'est bien l'Allemagne tout entière que nous avions contre nous, et il fallait une ignorance absolue de ses penchants, de ses tendances et de ses aspirations pour croire sérieusement qu'il pouvait y exister encore un germe de discorde après les succès inespérés de ses armées.

Je devais partir immédiatement.

Pour recevoir les dernières instructions de M. Jules Favre, je retournai le voir encore, la veille de mon départ, à l'Hôtel de ville, où le gouvernement de la Défense nationale avait l'habitude de siéger tous les soirs jusqu'à des heures très avancées de la nuit. Ce soir-là, le Conseil du Gouvernement siégea jusqu'à une heure du matin; à neuf heures, le 28 octobre, mon ballon devait partir à la gare d'Orléans.

L'ÉTAT MORAL

Dans la seconde partie de ce récit, le lecteur trouvera la description de mon voyage qui fut assez mouvementé, mais qui ne doit pas retarder l'exposé de la situation politique et des sentiments de l'Europe envers nous.

Cependant, je ne résiste pas au désir de raconter dès à présent une scène dont j'ai été témoin en route et qui m'a remué jusqu'aux larmes. Le lecteur m'excusera si je la place ici : il ne la lira pas sans émotion.

Ce fut, si je ne me trompe, dans le beau pays de Normandie, entre Eu et Dieppe, de grand matin, que nous rencontrâmes en route une centaine de jeunes recrues fraîchement enrôlées pour la guerre terrible. Ils portaient des vêtements bien légers, comme pour une excursion d'été à la campagne.

Le vent glacial du matin soufflait cruellement à travers leurs pantalons de coutil et je sentais mes dents claquer de froid. Mais les braves enfants de la Normandie ne sentaient pas ce froid : ils marchaient gaiement en chantant la *Marseillaise,* et lorsqu'ils passèrent devant notre voiture, ils agitèrent leurs chapeaux de feutre en signe d'allégresse comme s'ils allaient à une fête et ils criaient comme emportés par l'enthousiasme : Vive la République ! Vive la France !

Et une larme s'échappa de mes yeux

— une de ces larmes profondes qui coulent silencieusement le long des joues, comme le trop-plein d'une grande douleur. Alors, en essuyant mes yeux, je murmurai : « E pur si muove ! »

Cette gaieté en face du danger, cette conviction, cette foi sublime, au milieu de tant de ruines, n'est-ce pas là la force fondamentale du caractère français et sa grande supériorité, malgré la légèreté proverbiale qu'on lui reproche depuis César? N'est-ce pas là le secret du ressort immense et de la puissance extraordinaire de notre pays ?

« E pur si muove ! » Eh! oui, la cause d'un peuple pareil ne *pouvait pas* être perdue ; il forcerait la fortune à lui sourire, il forcerait la victoire à lui revenir !

Partout, j'ai rencontré le même enthousiasme, la même confiance dans le succès final, et, certainement, s'il avait été dans la possibilité des choses humaines de réparer les désastres de la terrible campagne, la France aurait accompli ce miracle : elle n'aurait pas succombé !

Si Pergama dextra
Defendi possent : etiam hâc defensa fuissent !

Mais contre l'impossibilité matérielle aucune lutte ne peut aboutir, la force s'épuise, la volonté même s'émousse et tous les efforts du patriotisme, du courage, de la résistance jusqu'à l'épuisement, tous les prodiges de l'amour enflammé de la patrie sont impuissants à produire ce qui ne peut pas être créé, impuissants à faire ce qui est au delà des forces humaines.

On a pu critiquer ces efforts désespérés d'un peuple qui, ne voulant pas reconnaître qu'il est terrassé, se révolte à l'idée d'être abattu, se refuse à l'évidence de ses revers ; mais ce sont précisément ces efforts qui seront inscrits dans son histoire avec des lettres d'or, en dépit de sa défaite finale.

Toutes les victoires, toutes les gloires, toutes les grandeurs passées de la Nation pâlissent en présence de cette grandeur, vraiment unique dans l'histoire, d'un peuple vaincu qui n'a pas voulu renoncer à l'espérance et à la victoire, qui n'a pas voulu se rendre et qui, lorsque tout avait sombré autour de lui, son gouvernement, son armée, ses généraux, seul est resté debout, tenant d'une main son drapeau et serrant de l'autre la garde de son épée brisée, pour sauver l'honneur !

Et cette résistance sublime de la Nation, alors que toutes ses ressources étaient épuisées, qu'un million de troupes aguerries, enivrées par la victoire, envahissaient son territoire, prenaient, irrésistibles, une province après l'autre et enfermaient le pays dans un cercle de fer; pendant que ses vieux soldats étaient prisonniers de guerre par suite d'une trahison stupide et sacrilège, et qu'elle n'avait plus, elle, que des enfants, des novices, des soldats improvisés à opposer à l'ennemi victorieux, triomphant, à l'ennemi qui l'écrasait par son nombre, cette résistance, dis-je, est une des pages les plus glorieuses dans les annales de l'humanité : elle a fait l'admiration du monde entier, l'admiration même de l'ennemi.

Oui, elle a coûté cher au pays, je le reconnais, mais une nation ne vit-elle donc que de « pain seul »?

N'a-t-elle pas d'autre existence que la vie matérielle, d'autres trésors que les richesses matérielles, d'autres besoins que le bien-être matériel?

Pourquoi la mémoire de Léonidas et

de ses Spartiates a-t-elle traversé les siècles et remplit-elle encore aujourd'hui tous les cœurs d'une admiration salutaire, fait-elle frissonner la jeunesse et tressaillir d'enthousiasme toutes les générations depuis l'antiquité jusqu'à nos jours ?

J'ai pu me convaincre, dans mon voyage à travers l'Europe, et surtout par l'accueil que j'ai reçu en Autriche et en Angleterre, que la France, détestée au commencement de la guerre pour avoir allumé soudainement cet incendie formidable, avait reconquis l'estime générale par l'énergie déployée au milieu de ses désastres.

Ceux-là mêmes qui ne l'aimaient pas d'ancienne date admiraient volontiers son courage et souhaitaient la fin de la lutte, sans sa mutilation.

M. de Chaudordy, que j'ai vu à Tours,

m'encourageait beaucoup, dans les entretiens que j'eus avec lui avant de partir pour Vienne. En rapports journaliers avec les représentants des puissances à Tours, il pouvait bien mieux que nous, enfermés dans Paris, se rendre un compte exact de l'opinion en Europe et des changements qui s'y étaient opérés, et il m'affirmait que M. Jules Favre avait raison, lorsqu'il me disait qu'il y avait un revirement considérable dans l'opinion publique de l'Europe en notre faveur.

Lui aussi, sans s'abandonner à des espérances trop hardies, espérait beaucoup de ce revirement. Il pensait que la démarche que j'allais faire auprès des cabinets de Vienne et de Londres devait être tentée, et qu'elle pourrait bien amener un résultat satisfaisant.

Dans cette situation, le sol me brûlait sous les pieds, et j'avais hâte d'arriver à

Vienne, puisque, selon mes instructions, c'était au Gouvernement autrichien que je devais m'adresser d'abord. Mais avant d'aller à Vienne, je voulus me rendre compte de la situation en Allemagne pour pouvoir en parler avec connaissance de cause.

Je quittai Tours dans les premiers jours de novembre et me dirigeai vers l'Allemagne.

II

A TRAVERS L'ALLEMAGNE

Je m'arrêtai d'abord dans le grand-duché de Bade, puis dans le Würtemberg et, en dernier lieu, en Bavière. Partout, je pus constater que les mêmes dispositions avaient été mal rapportées au Gouvernement et encore plus mal interprétées.

On était fatigué de la guerre, partout, — cela était parfaitement vrai — on déplorait les sacrifices en hommes et en argent qu'elle imposait au pays ; on déplorait l'arrêt complet du commerce et de l'industrie, la misère qui en était la conséquence ; on désirait ardemment la fin de ces souffrances et la conclusion rapide, immédiate, de la paix.

Mais à quelles conditions ?

Cela signifiait-il qu'on voulait la paix, cette paix si ardemment désirée, n'importe à quelles conditions, n'importe à quel prix ?

C'est sur ce point capital qu'en France on s'est bercé d'illusions et que nous nous sommes trouvés dans une erreur complète.

Oui, on voulait la paix, mais on la voulait moyennant une bonne rançon qui permît aux gouvernements allemands d'indemniser tout le monde, tous ceux qui avaient éprouvé des pertes, subi des dommages, soit directement, soit indirectement, par la guerre. Ce n'était pas tout : en dehors de l'indemnité en argent, on demandait, d'une voix unanime, à titre de « garanties pour l'avenir », la cession de l'Alsace et de la Lorraine.

Voilà comment on voulait la paix, et si

l'Allemagne tout entière était fatiguée de la guerre et en désirait ardemment la fin, elle reprochait aux Français comme un crime de ne pas la consentir, de ne pas vouloir comprendre que l'heure avait sonné pour eux de se rendre à merci.

On était exaspéré contre la France, qui prolongeait une lutte sans espoir et qui empêchait ainsi, par son entêtement, la conclusion de la paix dont tout le monde avait un besoin immense. Voilà dans quel sens on était fatigué de la guerre en Allemagne, et s'il avait fallu envoyer encore de nouveaux soldats pour augmenter le million de combattants qui était déjà en France, s'il avait fallu faire des levées nouvelles et réitérées pour arriver au but, l'Allemagne entière, sans exception, le nord comme le midi, l'ouest comme le levant, tous les pays auraient donné jusqu'au dernier homme capable de tenir une arme.

Je vais plus loin : à supposer un instant — la supposition n'a aucune espèce de fondement, — mais à supposer un seul instant que, soit la Prusse, soit l'un ou l'autre de ses alliés, eût désiré la fin de la guerre à des conditions moins dures pour la France, et qu'on eût essayé de faire prévaloir cet avis dans le conseil des ministres réunis, l'opinion publique aurait vite réduit au silence une proposition pareille. Le Gouvernement, qui le premier aurait tenté une entreprise de cette nature, aurait été renversé immédiatement par l'indignation générale de toute la nation, soulevée contre lui comme un seul homme.

Le roi ou le prince assez libéral pour proposer une paix pareille aurait été chassé comme traître à la patrie et comme indigne de s'asseoir désormais sur le trône de ses augustes ancêtres.

M. de Bismarck connaissait fort bien son peuple et exprimait une vérité indiscutable lorsqu'il disait à M. Jules Favre, dans l'entrevue de Ferrières, que le roi lui-même ne pourrait pas conclure la paix sans la cession de l'Alsace et de la Lorraine.

Et ce sentiment, loin de faiblir depuis cette époque, n'avait fait que grandir et se fortifier. Plus la guerre durait, plus les sacrifices qu'elle imposait augmentaient, et plus augmentait aussi et se fortifiait en Allemagne l'opinion générale que la paix devait être conclue, en dehors d'une forte rançon, uniquement contre la cession de ces deux provinces, l'Alsace et la Lorraine, regardées comme allemandes et surtout comme un rempart nécessaire contre la France.

Il y avait bien, disséminées dans la foule et s'y perdant, ici ou là, quelques philosophes qui « rêvaient » dans les sphères plus élevées et qui ne voulaient pas admettre l'annexion d'un pays par la voie brutale des armes et de la conquête, tout au moins sans en avoir consulté la population... mais qui les écoutait ? Qui les prenait au sérieux ? On les regardait comme des idéologues dont on riait, on les taxait de folie, et si on les avait crus réellement sains d'esprit, on n'aurait pas manqué de les traiter comme félons à la patrie.

J'ai vu beaucoup de monde du Rhin jusqu'au Danube, mais je n'ai jamais rencontré personne qui eût consenti à admettre une paix sans cession territoriale. Même ceux que j'avais connus autrefois comme appartenant aux « libéraux » et au « parti républicain », même ceux-là, ne faisaient pas exception et réclamaient énergiquement l'annexion. C'est que la situation avait complètement changé depuis le mois de juillet de l' « année terri-« ble » ! Au commencement de la guerre — je l'ai déjà fait remarquer — une bonne partie des alliés de la Prusse restait assez tiède, mais plus tard l'enthousiasme était devenu général.

On m'a raconté un fait qui me paraît caractéristique. Je le cite, tel que je l'ai entendu, sans commentaire et sans vouloir en garantir l'authenticité. Le roi de X..., qui n'aimait pas le « régime nou-« veau », qui en souffrait cruellement dans sa propre capitale et qui ne voulait pas se laisser enlever son autorité sur sa propre armée, aurait pleuré de dépit lorsqu'on lui demanda les derniers renforts à expédier sur le théâtre de la guerre. Il aurait voulu les refuser, mais il n'osait pas, et s'enfermant dans son palais, il ne voulut pas voir ses troupes, avant leur départ, défiler, musique en tête, sur la place publique devant son palais.

C'est que l'Allemagne tout entière était comme enivrée du succès inouï, inespéré de ses armes, et ce succès exaltait les populations d'autant plus, qu'au commencement de la guerre elles n'osaient pas y croire.

La France jusqu'alors était une puissance redoutable et redoutée; les « Roth-« hosen », les pantalons rouges, étaient regardés de l'autre côté du Rhin comme des soldats invincibles. Lorsque la déclaration de guerre fut connue, les populations furent d'abord dans une grande anxiété ; tout le monde s'attendait à voir arriver les Français du jour au lendemain.

Si à ce moment-là, je le répète, on avait poussé vigoureusement en avant, au lieu de tâtonner et de laisser à l'ennemi le temps de concentrer ses troupes, de prendre les devants et de jeter à son tour ses soldats sur notre propre sol, la guerre aurait pris peut-être une autre tournure, malgré tous les plans, si merveilleusement préparés, de M. de Moltke.

Une marche rapide sur le Rhin, une poussée vigoureuse au delà de la frontière, portant nos armées de l'autre côté du fleuve en plein pays allemand, auraient produit une impression immense, auraient jeté le doute et l'hésitation parmi les alliés de la Prusse, et toute la campagne aurait peut-être tourné à l'avantage de la France.

Je n'ai nullement l'intention d'empiéter ici sur le terrain militaire, où même de plus compétents que moi ne sont pas toujours d'accord. Mais ce que je peux constater, car c'est l'exacte vérité, c'est que l'anxiété de toutes les populations était grande, et que lorsque les premières victoires furent connues, on ne pouvait pas y croire, on les regardait comme des miracles et on les attribuait à la justice divine qui voulait punir la France « impie », cette « ennemie héréditaire » de l'Allemagne, qui lui avait cherché querelle, qui avait commencé cette guerre terrible sans aucune raison sérieuse. Une fois les premières victoires remportées, l'allégresse fut sans bornes, et à mesure que le succès s'accentuait, augmentait, grandissait, lorsqu'une bataille après l'autre fut gagnée et que les armées allemandes avancèrent nombreuses et irrésistibles sur le territoire français, cette victoire immense, sans pareille et sans précédent, produisit un revirement, immense lui aussi, dans l'opinion publique. Comment, c'était la France qui se laissait battre de la sorte! — la France qui « avait com« mencé », la France qui menaçait la sécurité de l'Allemagne depuis un siècle, la

France qui la menacerait toujours, si, profitant de l'occasion, l'Allemagne ne prenait pas ses précautions !

Et alors était sortie, des profondeurs de la nation allemande, cette idée que M. de Bismarck avait exprimée à M. Jules Favre dans l'entrevue de Ferrières, avec tant de rigueur et tant d'insistance, cette idée qui rendait le roi inflexible et l'entrevue stérile : « Il faut nous garantir « pour l'avenir ! » Et plus on avait vu les succès rapides et persistants, plus on s'était attaché à cette idée : « Il nous faut « des garanties ! »

Des garanties !

Et on exigeait, à titre de « garanties », ce qui est juste le contraire de toute garantie ! Car qui ne se rend compte aujourd'hui que l'Alsace-Lorraine est le seul obstacle, et un obstacle permanent, à une paix durable entre les deux nations? Mais, à ce moment-là, les plus clairvoyants ne voyaient pas, leurs yeux étaient aveuglés par le succès, leur esprit était enivré par la gloire militaire, et ils voulaient user de leur force jusqu'à la dernière limite, sans se préoccuper de l'avenir.

Après la reddition de Metz, où les derniers soldats de la France avaient rendu leurs armes pour s'en aller, prisonniers de guerre, dans les forteresses allemandes, on espérait que la guerre allait être finie et que la conclusion de la paix ne serait plus que l'œuvre de quelques jours ou de quelques semaines. Mais, à mesure que les jours et les semaines se passaient, qu'on voyait Paris « s'obstiner » et résister, la province s'armer et se défendre ; en un mot, à mesure qu'on arrivait à la certitude que la France ne se rendrait pas, et que, après avoir vaincu ses armées, il faudrait vaincre encore la Nation et envahir le pays tout entier, la passion et l'impatience naissaient, grandissaient. Alors une colère immense s'empara de l'Allemagne : ses gouvernants, ses penseurs, ses écrivains, toute la nation, tout ce qui tenait la plume ou l'épée, tout ce qui vivait et respirait, s'unissait dans une seule pensée pour proclamer et répéter cette formule de M. de Bismarck : « Il faut des garanties « pour l'avenir ! »

De telle sorte que l'histoire, quand elle jugera en dernier ressort et déclarera que cette annexion fut une des plus grandes fautes de notre siècle, l'histoire sera obligée de constater que la nation allemande tout entière avait forcé la main à ses gouvernements pour la commettre.

Puisque la France avait commencé cette guerre « *impie* » et que la « *justice di-« vine* » avait accordé la victoire, et une victoire immense, prodigieuse, il fallait se garantir pour l'avenir contre l'éventualité d'une attaque ultérieure ; il fallait que les sacrifices ne fussent pas perdus pour « les « enfants » ; il fallait mettre les générations futures à l'abri d'une nouvelle provocation de la France, si celle-ci voulait un jour recommencer la guerre.

Telle était très exactement l'opinion publique en Allemagne, et voilà pourquoi il n'était possible d'arriver à la paix, sans la cession de l'Alsace et de la Lorraine, que si la France et l'Allemagne ne restaient pas seules sur la scène sanglante pour la conclure, et si les puissances ne se refusaient pas à intervenir pour peser sur les exigences de l'Allemagne et la contraindre à les modifier.

De Munich, où je séjournai en dernier lieu, je me rendis directement à Vienne.

III

EN AUTRICHE

Dès le premier jour de mon arrivée, je pus constater que la bonne population autrichienne était de cœur avec nous et qu'elle faisait des vœux pour notre réussite — mais c'était tout. Notre ambassadeur, qui devait me présenter au chancelier de l'Empire, ne me laissa pas ignorer que les décisions de la Cour impériale étaient prises, que je ne pourrais rien obtenir du Cabinet autrichien, qu'il était fermement résolu à ne pas sortir de la neutralité la plus stricte et la plus absolue.

Je ne tardai pas à me convaincre que ce renseignement était parfaitement exact, et lors de la première entrevue que j'eus avec M. de Beust, alors chancelier de l'Empire, j'acquis la certitude que l'Autriche n'était pas en état de nous accorder l'intervention effective nécessaire pour peser sur les résolutions de l'Allemagne.

Je dis à dessein que l'Autriche n'était pas en état, qu'elle ne *pouvait* pas intervenir effectivement, parce que c'est la vérité et parce que, si je disais qu'elle ne *voulait* pas le faire, je commettrais peut-être une injustice. Ce n'est pas la volonté qui lui a fait défaut, mais bien la possibilité.

Et c'était là justement le grand malheur de notre situation : pas une puissance en Europe n'était préparée à une action quelconque; pas une n'était en état de la fournir.

En 1870, l'Europe ne s'attendait pas à la guerre. De toutes les nations qui vivent et qui s'agitent, de l'Océan jusqu'aux montagnes de l'Oural, de la Méditerranée jusqu'au Pôle Nord, une seule puissance veillait, se préparait et était prête au moment où le choc s'est produit, et cette puissance était précisément celle que la France avait choisie pour ennemie, sans être prête elle-même ! En dehors de la Prusse, personne en Europe n'avait prévu la guerre, personne n'avait armé, personne n'était en mesure de faire campagne.

La déclaration de guerre du mois de juillet 1870 a éclaté inopinément au milieu de l'Europe paisible, comme un coup de foudre qui fait trembler la terre au milieu d'une calme journée de printemps.

Toutes les puissances de l'Europe jouissaient d'un repos complet, leurs armées existaient à peine, les soldats étaient en congé et travaillaient tranquillement dans les campagnes ou dans les ateliers, les contingents étaient réduits, on vivait en pleine paix, en pleine sécurité ; la Prusse elle-même avait diminué l'état de présence de ses troupes, et c'est seulement grâce à sa prodigieuse organisation militaire qu'elle a pu rassembler ses forces avec une rapidité inconnue jusqu'alors.

La France se trouvait donc seule en présence de son adversaire ; elle était isolée dans l'Europe, non seulement au point de vue diplomatique, mais aussi au point de vue militaire. Et lorsque le combat se fut tourné en défaite pour les armées que l'Europe avait regardées jusqu'alors comme les légions de la Victoire, une panique envahit tous les esprits ; et l'Europe, qui n'avait pas armé *avant* la déclaration de guerre, parce qu'aucun nuage à l'horizon politique ne menaçait la paix générale, n'osa plus armer plus tard, après les combats sanglants et les grands succès de la Prusse, parce qu'elle ne voulait pas provoquer le vainqueur de la France, devenu l'arbitre tout-puissant de l'Europe.

Combien de fois, dans ce pénible voyage, ai-je entendu cette phrase caractéristique : « Mais, nous ne pouvons rappeler « un seul soldat, sans nous exposer..... » Le *quos ego* du vainqueur paralysait l'Europe.

L'Autriche n'était pas mieux préparée que les autres nations ; par conséquent, elle n'était pas en état de se mêler à la lutte plus efficacement que par une intervention diplomatique. Et cette intervention diplomatique devait rester forcément stérile, car la Prusse avait déclaré formellement qu'elle n'accepterait la médiation d'aucune puissance et qu'elle s'entendrait directement avec la France pour la conclusion de la paix.

Je trouvai auprès de M. le comte de

Beust le meilleur accueil ; il me reçut avec autant de franchise que de cordialité sans chercher à cacher sa pensée : dès les premières paroles, j'acquis la certitude que je me trouvais en présence d'un ami sincère de la France — mais d'un ami impuissant.

Aussi, l'entretien, qui dura plus d'une heure, ressemblait plutôt à une conversation familière qu'à une conférence diplomatique, et je n'oublierai jamais l'entrain, la verve, disons le mot : le laisser-aller du chancelier de l'empire, qui semblait saisir avec plaisir une occasion lui permettant de dire tout ce qu'il pensait de la guerre, du gouvernement impérial qui l'avait provoquée et de la situation faite à la France depuis la reddition de Metz.

Il déplorait sincèrement la défaite de la France, mais il n'en était pas étonné ; car il savait bien, lui, que la Prusse se préparait à cette guerre depuis longtemps, et il n'avait cessé d'avertir, en temps utile, ceux qui gouvernaient alors la France, mais ses « *bons conseils* » n'avaient pas été écoutés.

Il admirait la résistance de Paris et le grand élan qui régnait en province, mais il craignait que tous ces prodigieux efforts ne pussent pas aboutir. « Ce que vous « pourriez faire de mieux, disait-il, ce se- « rait de conclure la paix aussi prompte- « ment que possible » ; et il ne cessait pas de citer son propre pays comme exemple, et de rappeler ce que l'Autriche avait fait après la malheureuse bataille de Sadowa.

Il est difficile de rendre ici l'insistance et l'animation qu'il mettait à démontrer que tout effort serait désormais perdu, qu'il fallait se rendre à l'évidence et conclure la paix sans pousser plus loin la résistance. « Plus vous tardez, et plus « vous affaiblissez le pays — sans parler « encore de l'irritation de l'ennemi qui « augmentera ses exigences au fur et à « mesure qu'il avancera ses troupes au « cœur du pays. Croyez-en un ami sin- « cère de la France : rendez-vous, faites « la paix ! »

Je ne lui cachai pas que la France n'était pas encore arrivée à cette extrémité de conclure une paix à tout prix, aux conditions, quelles qu'elles fussent, que le vainqueur voulait nous imposer.

« Nous avons perdu notre dernière « armée à Metz, cela est vrai ; mais Paris, « la grande ville, peut tenir encore long- « temps — elle arrêtera l'ennemi et per- « mettra à la province de reconstituer de « nouvelles troupes. »

Il secoua la tête et dit simplement : « Vous n'arrêterez plus l'invasion, et il

« vaudra mieux vous rendre aujourd'hui « que demain. »

Alors je lui fis remarquer que les puissances étaient intéressées, elles aussi, dans le résultat de cette guerre, parce que l'équilibre européen et leur propre politique étaient menacés par l'affaiblissement de la France et l'augmentation démesurée de la Prusse : « Est-ce que l'Eu-« rope n'a pas besoin de la France et « d'une France non amoindrie, non mu-« tilée — dans son propre intérêt — pour « rétablir la balance en présence de la « supériorité menaçante de la Prusse ?

« C'est bien dans leur propre intérêt « que les puissances devraient sortir de « leur apathie, quitter le rôle de specta-« trices tranquilles et élever la voix pour « signifier à la Prusse que l'Europe en-« tière demandait à voir terminer la « guerre par une paix durable, par une

« paix que la France pût accepter sans « arrière-pensée. Il me paraît difficile d'ad- « mettre que la Prusse, toute victorieuse « qu'elle soit, ne tienne pas compte d'une « intervention pareille. »

Mais, M. de Beust, avec un sourire fin et presque amer :

« Vous croyez cela? me répondit-il. « Eh! bien, vous vous trompez. La Prusse « n'écouterait personne en Europe; elle « ne tiendrait compte que du nombre de « soldats que l'Europe pourrait envoyer « sur le théâtre de la guerre. Or l'Eu- « rope n'en a pas à envoyer. »

La conversation étant arrivée à ce point et le chancelier me parlant si ouvertement, si franchement, sans réticence, sans aucune espèce de réserve — je lui répondis avec la même franchise.

Je lui fis remarquer que je venais de parcourir une bonne partie de l'Allemagne, que j'étais parfaitement renseigné sur la situation. « Avec 100,000 hommes vous « prendriez Berlin », lui dis-je. « C'est « peut-être vrai, reprit-il, mais la Russie « nous enverrait 200,000 hommes en Au-« triche. »

Voilà où en était la situation en Europe.

En ce qui concerne notre attitude vis-à-vis de la Prusse, il trouvait que nous manquions d'habileté ; il était convaincu que nous stimulions l'appétit de nos adversaires par notre propre attitude, sans aucune utilité, et que nous aurions dû dire justement le contraire de ce qui faisait le fond de notre langage vis-à-vis de la Prusse.

« Vous vous faites trop riches, ajouta-« t-il — vous dites à M. de Bismarck : de « l'argent, de l'argent, tant que vous en « voudrez, mais pas de provinces. — « Mauvaise politique ! Vous connaissez

« mal votre adversaire : il vous prendra « et votre argent et vos provinces.

« Dites-lui, au contraire, que vous êtes « pauvres, que la guerre a épuisé vos « ressources et que vous n'êtes plus capa- « bles de payer une grande indemnité de « guerre.

« Cédez l'Alsace, c'est une nécessité « inévitable, vous ne pouvez plus échap- « per à cette calamité. Eh! qui peut dire « ce que l'avenir nous réserve! Une pro- « vince perdue n'est pas nécessairement « perdue pour toujours, tandis que vos « milliards, vous ne les reverrez jamais. »

Puis, examinant à son tour les ressources de l'Allemagne — et il les connaissait bien — admettant pour un instant les éventualités les plus avantageuses qui pourraient encore nous échoir, M. de Beust, après avoir tout pesé, tout calculé, concluait toujours comme il avait commencé :

il lui paraissait impossible de résister aux forces réunies en France; toute continuation de la lutte serait un sacrifice inutile; nous épuiserions le pays sans pouvoir espérer un résultat quelconque; il nous conseillait sincèrement de cesser la lutte et de conclure la paix le plus promptement possible, parce que, plus nous tarderions et plus les exigences du vainqueur augmenteraient. « Aujourd'hui plutôt que « demain », me disait-il, et il trouvait que nous avions déjà trop tardé à nous rendre à l'évidence.

Il aurait souhaité la convocation d'une assemblée des représentants de la nation; mais il reconnaissait volontiers que pour faire les élections, nous aurions besoin d'un armistice avec ravitaillement de Paris, ce qui lui paraissait difficile à obtenir.

Je pris occasion de cette observation pour revenir sur ma première demande:

une intervention effective de la part de l'Autriche, de concert avec les autres puissances. Partant de l'utilité qu'il y aurait à convoquer une Assemblée nationale, je lui fis observer que la Prusse avait justement refusé un armistice avec ravitaillement qui nous aurait permis de procéder aux élections.

La Prusse reviendrait peut-être sur ce refus, disais-je, et elle admettrait peut-être aussi des conditions de paix plus supportables, si elle voyait que la France n'est plus isolée. Et j'ajoutai que, si mes renseignements étaient exacts, la population de l'empire autrichien serait disposée à intervenir et que l'opinion publique y verrait une occasion de venger la propre défaite de l'Autriche de 1866 en secourant la France.

Les Hongrois surtout m'ont été signalés comme admirateurs fervents de la

France; ils se lèveraient en masse pour nous secourir si le gouvernement ne les en empêchait.

Mais M. de Beust était loin de partager cette manière de voir.

Il y avait certainement une grande et sincère sympathie pour la cause française partout dans la monarchie autrichienne. Mais il ne fallait rien exagérer : conclure de là qu'une guerre contre l'Allemagne serait une guerre populaire en Autriche, ce serait une grande exagération et une grande erreur; « et d'ailleurs — ajouta-« t-il en baissant la voix — les moyens « matériels d'entrer en campagne nous « manquent absolument ». Et il me montrait franchement toute la situation que j'ai résumée plus haut et que j'ai constatée partout : « Nous ne sommes pas « armés, et il serait trop tard et trop dan-« gereux de mobiliser maintenant! »

Avant de quitter M. de Beust, je ne lui cachai pas que ma mission ne se bornait pas à Vienne, et que j'irais aussi en Angleterre. Je lui demandai s'il n'avait rien à me dire pour le Cabinet anglais, et si l'Autriche, le cas échéant, ne prendrait pas part à une action commune?

« Je vous autorise à dire à lord Gran-
« ville que, si l'Angleterre voulait inter-
« venir effectivement, dans le but d'obtenir
« pour la France des conditions de paix
« honorables, l'Angleterre ne serait pas
« seule et que l'Autriche irait avec elle. »

Cette réponse, qui peut paraître pleine de promesses, ne signifiait pas grand'-chose et n'exposait pas beaucoup celui qui l'avait faite, de bonne foi, je le reconnais, mais avec la certitude que l'Angleterre ne le mettrait pas dans l'éventualité de tenir parole. La situation était alors d'une simplicité navrante. La voici :

Si les puissances — bien entendu, je ne parle pas de la Russie, qui était dans une situation à part — si les puissances avaient pu intervenir pour la France, sans s'exposer à une guerre avec la Prusse, cette intervention se fût produite, et la France ne serait pas restée seule vis-à-vis de l'Allemagne pour débattre les conditions de la paix.

En effet, elle avait à ce moment reconquis les sympathies de tous ceux qui s'étaient détournés d'elle au commencement de la guerre; et puis, on se demandait, avec une certaine inquiétude, si l'écrasement de la France ne deviendrait pas un danger permanent pour la paix générale. Si donc il y avait eu possibilité de peser sur les résolutions de la Prusse, sans aligner des soldats, l'intervention ne nous aurait pas fait défaut et la réponse de M. de Beust n'était pas une promesse évasive, mais la parole sincère d'un ami qui voudrait donner tout ce que les circonstances lui permettent ; et je suis intimement convaincu que M. de Beust avait l'intention de tenir sa parole, si l'Angleterre pouvait se décider à prendre une initiative pareille. Mais nous verrons par la suite que l'Angleterre s'y refusait absolument, toujours pour cette raison souveraine qu'elle ne voulait pas s'exposer à être éconduite par la Prusse, qui, en dernier lieu, n'aurait écouté que la voix d'un général à la tête d'une armée.

Le *quos ego* du vainqueur retenait l'Europe ; — car, « si la Prusse n'écoutait « pas, que ferait-on alors? »

C'est ainsi que la France était fatalement destinée à rester seule, du commencement de la guerre jusqu'à la fin, et la Prusse ne l'ignorait nullement. Aussi, elle proclamait énergiquement, et avec une hauteur dédaigneuse vis-à-vis de l'Europe entière, qu'elle ne permettrait à personne de s'immiscer dans ses affaires et de s'interposer, comme médiateur entre elle et la France; que la paix serait conclue aux conditions qu'elle arrêterait seule avec la France, et que l'Europe n'avait rien à voir dans cet arrangement qui ne regardait que les deux partis en présence.

Et l'Europe a souffert ce langage, parce qu'elle n'avait pas les moyens de l'empêcher; elle savait bien que des paroles ne suffiraient pas pour être écoutée par la Prusse et elle n'était pas armée pour jeter, au besoin, son épée dans la balance afin d'appuyer ses paroles.

De Vienne, je me rendis directement à Londres, où je suis arrivé dans les premiers jours de décembre.

IV

A LONDRES

C'est le premier secrétaire d'ambassade qui gérait, en l'absence du titulaire, l'ambassade à Londres depuis le 4 septembre, et c'est lui qui me présenta à lord Granville. Il m'avertit, comme l'avait déjà fait notre ambassadeur à Vienne, que je ne devais me faire aucune illusion, que je n'obtiendrais absolument rien de l'Angleterre, que le Cabinet anglais était bien décidé à ne pas dévier de la stricte neutralité, et que tout ce que l'on pourrait essayer pour l'en faire sortir serait peine perdue.

A cette époque se place un événement militaire de la plus haute gravité, qui s'est produit pendant les derniers jours de novembre.

Je veux parler de la sortie du général Ducrot, qui s'annonçait si glorieusement et qui, malheureusement, a si vite trompé toutes les espérances que nous avions pu concevoir d'un changement dans le sort des armes. Aujourd'hui, les événements de cette pénible époque sont loin de notre esprit ; ils ont perdu de leur intensité à mesure qu'ils s'éloignaient. Je me permettrai donc de transcrire ici, sans y rien changer, quelques passages de mon journal d'alors, pour donner une idée de la situation au commencement de décembre.

« ..... Tout cela n'était pas encoura-
« geant. Ce qui était plus triste encore,
« c'est que nos affaires qui avaient com-
« mencé à se relever sur la bonne nou-
« velle de la sortie victorieuse du général
« Ducrot — ce qui m'avait fait accélérer

« mon voyage à Londres — sont tombées « de nouveau dans cette situation critique « et désolante qui inspire à l'Europe la « peur de nos ennemis et qui tient éloi- « gnés de nous tous ceux qui admirent « notre résistance et qui voudraient la « voir couronnée de succès.

« Le rayon de soleil qui avait éclairé « un moment le sort de nos armes s'est « éteint trop vite ; la victoire, qui avait « relevé notre courage et enflammé notre « espoir, a duré trop peu.

« A Rouen déjà, où j'ai encore passé la « nuit précédant le jour où les Prussiens « y ont fait leur entrée, des bruits alar- « mants ont circulé dans la ville, et « lorsque je suis arrivé à Londres, tout « espoir de succès était perdu !

« Notre jeune et vaillante armée de la « Loire, victorieuse la veille encore, était « battue ; l'armée de Paris avait été obli-

« gée d'abandonner les positions si bra-
« vement conquises dans les journées
« sanglantes des 29 et 30 novembre ; elle
« était rentrée dans Paris le 3 décembre. »

Telle était la situation militaire, lorsque j'abordai la première conférence avec feu lord Granville, alors ministre des affaires étrangères.

Je ne ferai pas le portrait de l'éminent homme d'État, mais je veux indiquer quelques particularités de sa manière de conférer, pour mettre en lumière la conversation qui va suivre.

On m'avait dit que lord Granville était d'une extrême politesse et d'une grande distinction, mais froid, avare de paroles, et d'une circonspection excessive, qui pouvait se confondre quelquefois avec de la timidité ; parlant peu et laissant facilement tomber la conversation dans le silence.

Si j'ai trouvé chez le ministre anglais

les qualités qu'on m'avait annoncées, je dois à la vérité de dire que je n'ai pu constater les défauts qu'on lui prêtait.

Il est certain que lord Granville n'aimait pas à perdre son temps, à parler inutilement, mais il ne laissait pas tomber la conversation quand il s'agissait d'élucider une question sérieuse, et il savait être éloquent, même en français. Parfois seulement sa langue — il parlait très lentement mais très correctement le français — s'arrêtait brusquement, comme si elle avait rencontré un obstacle matériel qu'elle ne voulait ou qu'elle ne pouvait pas franchir.

Lorsque je suis entré au « Foreign « Office », je ne me berçais pas de grandes illusions, mais j'étais armé d'une grande confiance et d'une volonté difficile à désarmer. J'avais foi dans la justice de ma cause et cette foi animait mon courage.

Ce que j'allais demander était si juste, si raisonnable, était si bien en harmonie avec les intérêts de l'Angleterre même, qu'en dépit de tout ce qu'on avait pu me dire, je conservais comme une lueur d'espérance au fond du cœur.

En tout cas, j'étais bien décidé à ne pas sortir du « Foreign Office » sans avoir épuisé complètement la question qui faisait l'objet de ma mission, ni sans avoir bien appris et bien défini la situation que l'Angleterre entendait conserver vis-à-vis de nous ; en un mot, sans savoir ce que nous pouvions espérer d'elle.

Je dois dire, et je le fais avec plaisir, que l'éminent homme d'État m'a facilité cette tâche avec beaucoup d'empressement. Son accueil fut parfait, son langage franc, net et courtois, ses réponses précises et complètes. Ce n'est qu'au commencement de notre conversation qu'il me parut quelque peu froid et réservé dans ses réponses. Mais une fois la glace rompue, il n'a plus hésité à exprimer toute sa pensée : il paraissait même avoir du plaisir à approfondir avec moi la situation pour ne rien laisser dans le doute ni dans l'obscurité.

V

AU FOREIGN OFFICE

Je commençai par lui exposer la situation en France, en comparant son état actuel avec celui dans lequel elle se trouvait la veille du 4 septembre. J'essayai de lui montrer ce qui avait été fait depuis le désastre de Sedan, depuis la chute de l'Empire et l'avènement de la République, jusqu'au moment présent.

J'établis — et il le reconnut — qu'après Sedan la France se trouvait en face d'un état désespéré : c'était le vide, c'était le néant, rien n'existait plus, tout était à créer.

Paris sans armes ni soldats ; la province découragée et dépourvue de tout ce qui pouvait permettre de résister un seul jour; les armées ennemies avançant sans obstacle, envahissant la France, ville par ville, province par province, dévastant le pays et le foulant au pied.....

Après ce tableau si vrai et si désolant, après l'accablement, le marasme, la désolation, je lui dépeignis le réveil de la grande nation au lendemain du 4 septembre ; son espoir alors qu'il n'y avait plus d'espoir, son courage alors que le courage était folie, sa résistance alors que tous les moyens de résister étaient perdus.

Je lui montrai la nation debout, tout entière, depuis Paris jusqu'au plus petit hameau perdu dans les montagnes, indomptée et indomptable, fière, forte et l'arme au bras : elle avait créé une force avec rien et fait sortir des armées du néant !

Lord Granville écoutait.

Il m'écouta longtemps sans faire le moindre mouvement.

Mes paroles s'animaient de plus en plus; il les suivait, si je puis m'exprimer ainsi, du regard.....

« Vous voyez, Monsieur le Comte, lui « dis-je enfin, vous voyez ce que nous « avons fait et vous jugerez par là ce que « nous pouvons faire et ce que nous fe- « rons certainement encore. Paris est ré- « solu à affronter les dernières rigueurs « de la guerre, plutôt que de se rendre.

« La province, après avoir hésité un mo- « ment, plongée qu'elle était dans cette « habitude néfaste de tout attendre d'en « haut et de ne rien entreprendre de sa « propre initiative, la province s'est réveil- « lée elle aussi sous le souffle d'un génie « puissant et s'est levée comme un seul « homme : elle est debout et résolue, elle « aussi. Elle est animée du même esprit,

« pénétrée de la même conviction, enflam-
« mée du même courage ; la France tout
« entière est en armes ; elle tient haut
« son drapeau, sur lequel elle a inscrit :
« Vaincre ou mourir ! »

Il écoutait toujours sans faire un mouvement.....

Est-ce que j'avais parlé dans le vide ? Est-ce que le silence allait se faire avant que la conversation eût commencé ?

Etait-ce une approbation que traduisait ce silence ou, au contraire, était-ce une impression pénible et une désapprobation complète qui fermaient la bouche à l'éminent homme d'État ?

Je cherchai son regard et je lui dis, les yeux dans les yeux : « Je viens de vous
« parler franchement, sincèrement, de
« tout mon cœur et de toute mon âme,
« n'avez-vous rien à me répondre ? »

Il arrêta un moment son œil bleu et

profond sur moi, puis il dit très lentement, presque en bégayant :

« M. Thiers, qui est venu nous voir, « m'a déjà tenu ce même langage éloquent « que vous me faites entendre aujourd'hui.

« Tout ce que vous avez fait est admi- « rable et la France a montré une *élasti-* « *cité* qui a étonné tout le monde. Je l'ai « déjà dit à M. Thiers. Je le répète volon- « tiers et j'ajoute très sincèrement que « notre admiration n'a fait qu'augmenter « et grandir depuis. Aussi, avons-nous « essayé d'intervenir dans votre intérêt « autant que la situation nous le permet- « tait. Nous avons fait tout ce que nous « avons pu faire pour arrêter cette guerre « que nous déplorons. Mais on ne veut « pas nous écouter. Nous n'avons ni le « droit ni le pouvoir de nous mêler d'une « affaire qui ne nous regarde pas. Nous « désirons beaucoup la fin de la guerre.

« Nous avons fait beaucoup d'efforts pour « arriver au moins à un armistice, mais « le gouvernement à Paris a rejeté l'armistice que nous avons tâché de négo- « cier..... » et il arrêta de nouveau son œil bleu sur moi, comme pour me demander : mais pourquoi a-t-on refusé un armistice ?

La question me paraissait injuste et je lui dis, avec une certaine vivacité : « Par- « don, Monsieur le Comte, ce n'est pas le « gouvernement de Paris qui peut être ac- « cusé d'avoir rejeté l'armistice, le moyen « de s'entendre. Au contraire, c'est lui qui « a fait tout ce qui était humainement « possible pour y arriver ; mais un armis- « tice sans ravitaillement, c'est-à-dire un « armistice avec la perspective d'affamer « Paris pendant que la Prusse prendrait « de nouvelles forces n'était pas accep- « table, et la Prusse nous a refusé tout « autre armistice. »

« Ce refus », me répondit-il, en baissant machinalement les yeux sous mon regard, « n'était pas déraisonnable. Un « armistice présentait de très grands in- « convénients pour la Prusse, des avan- « tages considérables pour la France, et « le gouvernement aurait, en tout cas, pu « le mettre à profit pour constituer une « représentation légale du pays. » — J'étais étonné d'entendre ce langage qui me paraissait absolument injuste.

« Comment, dis-je, vous trouvez que « c'est chose raisonnable, que d'offrir un « armistice de vingt-cinq jours sans ra- « vitaillement à une ville de deux millions « de bouches, assiégée depuis bientôt « trois mois?

« Mais, c'eût été enlever précisément « autant de jours de résistance à cette « ville courageuse qui a montré dans ces « jours de malheur qu'elle n'était pas uni-

« quement une ville de plaisir. La Prusse, « en acceptant les négociations pour l'ar- « mistice, ne pouvait l'entendre qu'avec « un ravitaillement tout au moins par- « tiel ; en le refusant, elle a rendu impos- « sible l'armistice, c'est sur elle que doit « retomber la responsabilité de ces négo- « ciations rompues, c'est elle qui a re- « fusé l'armistice, que tout le monde dé- « sirait. »

« Non, ce n'était pas déraisonnable », me répondit-il encore une fois. « La Prusse « aurait beaucoup trop perdu durant un « armistice de vingt-cinq jours » et il entrait dans des détails fort développés pour démontrer que le refus n'était pas « dé- « raisonnable ».

Son argument principal était le suivant :

Si l'armistice n'avait pas abouti et que la paix n'en fût pas sortie, la Prusse aurait perdu un temps précieux, tout le temps qu'elle aurait été obligée de passer dans l'inaction; elle aurait prolongé ainsi elle-même la période des sacrifices et des souffrances que la guerre lui imposait nécessairement et, tout ce temps précieux, elle l'aurait perdu sans aucune espèce de compensation.

Et le noble lord ajouta : « Votre gou- « vernement a donné à M. Thiers des ins- « tructions formelles pour rejeter l'armis- « tice ; ce n'est donc pas la Prusse qui « peut en être rendue responsable. »

Il est difficile à deux personnes de s'entendre, si elles partent de deux points de vue aussi différents que ceux qui font dire à l'une : c'est juste, là où l'autre voit une injustice manifeste.

Il était aisé de me convaincre que lord Granville ne changerait absolument en rien sa manière de voir et qu'il aurait répondu à tous mes arguments par des arguments contraires. Il me semblait donc inutile de discuter plus longuement sur ce chef. Je me contentai de dire que le gouvernement actuel de la France aurait été heureux de pouvoir réunir une représentation nationale pour partager sa lourde tâche avec elle, si on lui avait permis de la convoquer.

Les hommes dévoués qui sont à la tête de la nation, ajoutai-je, ont ramassé le pouvoir tombé, uniquement pour armer la nation et pour organiser la défense contre l'invasion : ils n'ambitionnent pas les honneurs, ils ne réclament que les devoirs du pouvoir et ils ne les réclament que dans une seule pensée, celle de la défense nationale.

Ils auraient été heureux de convoquer les délégués de la nation et de remettre le pouvoir entre les mains d'une Assemblée nationale librement élue, et c'est justement et uniquement dans ce but qu'ils avaient fait demander l'armistice.

« Peut-être aurait-on pu se contenter « de moins de vingt-cinq jours », ajoutai-je encore, pour mieux sonder lord Granville sur cette question.

Cette réflexion lui plut. Il m'interrompit vivement et me demanda : « Combien de « jours, pensez-vous, pourraient suffire « pour faire les élections ? »

Je lui répondis que, tout compte étroitement fait et réduit au strict nécessaire, je pensais que douze à quinze jours peut-être pourraient être employés à faire les élections ; mais que je n'avais aucune qualité, ni aucune compétence pour me prononcer et que c'était là une opinion tout à fait personnelle.

« Mais alors, reprit-il, le gouvernement « ferait bien de procéder aux élections

« dans ce délai et de demander un armsi-
« tice de douze jours ; car ce serait un
« grand avantage pour vous que d'avoir
« une représentation légale du pays. »

« Est-ce que la Prusse l'accorderait ? »

« Oui, fit-il, elle aurait accepté tout
« armistice sans ravitaillement..... », puis, comme si sa parole l'avait entraîné trop loin, et en manière de correctif, il ajouta immédiatement que, bien entendu, il ne pouvait savoir quelles étaient les dispositions du quartier général prussien à cette heure ; qu'il ignorait s'il serait disposé à accorder encore un armistice, et qu'il ne voudrait rien nous garantir à cet égard...

Telle est bien la note dominante que je rencontrais dans toutes les conversations officielles : une peur démesurée de s'exposer, de se compromettre.

Je lui répondis, pour le rassurer : « Ne
« craignez rien, Monsieur le Comte, on ne

« vous prendra pas au mot ; car je ne crois « pas que le gouvernement de la Défense « nationale veuille accepter la responsabi- « lité d'un armistice avec la faculté d'af- « famer Paris, ne fût-ce que pendant douze « jours. »

« Mais puisque Paris tiendra encore « longtemps, comme vous venez de me « le dire, — m'a-t-il répondu, — douze « jours ne lui feraient pas grand tort ; et « ces douze jours vous donneraient cet « immense avantage de constituer une « représentation du pays. »

Et il développait cette idée que, jusqu'à ce moment, le gouvernement de la Défense nationale n'était qu'un gouvernement de fait et qu'il y aurait un très grand intérêt pour lui à avoir une représentation nationale à ses côtés afin de s'appuyer sur elle.

Je lui fis remarquer que son observation était sujette à être rectifiée; que le gouvernement de la Défense nationale n'était pas seulement un gouvernement de fait, mais qu'il était approuvé à l'intérieur, reconnu à l'extérieur comme gouvernement légal et régulier; que cependant, il ne désirait rien plus ardemment que la possibilité de convoquer une Assemblée nationale. « D'ailleurs, ajoutai-je, « je transmettrai fidèlement vos excel-« lentes pensées à mon gouvernement. »

« Comment pourriez-vous communiquer « avec le gouvernement de Paris? » me demanda-t-il.

J'étais très content de cette question, car j'avais l'intention de lui demander son intervention à l'effet d'obtenir la faculté de rentrer à Paris pour exposer directement et de vive voix au Gouvernement tout ce que j'avais appris depuis ma sortie de la ville.

Mais, ne voulant pas interrompre le cours de notre conversation, je lui répondis que je me permettrais de l'entretenir à ce sujet plus tard, avant de prendre congé de lui, et je lui demandai d'avoir l'obligeance de ne pas interrompre le cours de ses idées en ce qui concernait la question de la « représentation du pays ».

Lord Granville examina alors encore deux moyens de créer ce qu'il appelait une représentation « légale » du pays, et, en demandant « une représentation lé- « gale », il était surtout guidé par l'idée suivante qui paraissait le préoccuper beaucoup, car elle revenait souvent dans sa bouche : actuellement, il n'y a plus aucune autorité « légale » en France ; il y a bien un gouvernement de fait ; mais ce gouvernement n'a pas encore reçu sa sanction légale.

Et il répétait : « Dans l'état actuel des

« choses, il n'est personne qui aurait le
« droit de traiter au nom de la France, et
« la Prusse ne saurait même pas avec qui
« s'entendre quand le moment sera venu
« de débattre les conditions de la paix. »

C'est en vue de cet événement qu'il désirait beaucoup la convocation d'une Assemblée nationale. J'avais beau lui répéter qu'il se trompait, — car je tenais essentiellement à lui montrer la véritable situation, — il persistait dans son opinion ; et voici les deux moyens qui lui paraissaient indiqués pour arriver à créer une représentation nationale :

D'abord il pensait que les conseils généraux pourraient fournir une assemblée constituante.

Après avoir exposé en détail sa manière de voir et les avantages qu'on pourrait recueillir d'une assemblée pareille, il finit son raisonnement par cette question :

« Pourquoi ne voulez-vous pas avoir re-
« cours aux conseils généraux? »

Je lui ai fait remarquer que les conseils généraux n'auraient, constitutionnellement, aucun droit de représenter la nation ; il parut admettre mon argument et il revint sur sa première idée :

« Mais pourquoi ne feriez-vous pas les
« élections sans armistice? »

Ses observations antérieures, lorsque nous avions parlé de M. Thiers, m'avaient indiqué suffisamment le fond de sa pensée : il désirait voir des élections en France n'importe par quel moyen, fût-ce même sans armistice.

Je ne pouvais pas accepter une thèse pareille et je me refusais à comprendre comment un homme d'État, soucieux de la dignité autant que des intérêts matériels de son pays, pût donner un tel conseil. Faire les élections dans un pays envahi par l'ennemi, faire les élections sans cesser la lutte, faire les élections sous les coups du canon ennemi, faire les élections alors que tous les citoyens étaient en armes devant l'envahisseur, en un mot, faire les élections pendant que la Prusse bombardait Paris et avançait ses armées, c'était là une idée que je ne pouvais concevoir. J'essayai, mais en vain, de lui faire partager mes perplexités. D'ailleurs c'est cette même idée que j'avais déjà trouvée chez M. de Beust.

A ce moment je ne pouvais la comprendre et j'en étais révolté; aujourd'hui, je vois bien comment elle a pu surgir et se maintenir également dans la tête de ces deux hommes d'État éminents qui tenaient les rênes du gouvernement des deux grands pays, si différents d'origine, de constitution et de tendances.

Le gouvernement de la Défense nationale n'était, à tout compter, qu'un gouvernement de fait.

Certes, les hommes qui le composaient avaient ramassé le pouvoir qui venait de s'échapper des mains de l'empereur, uniquement pour ne pas le laisser tomber dans la rue, uniquement pour l'employer à la défense de la patrie contre l'envahisseur ; certes, ces hommes avaient la confiance de l'Europe et leur gouvernement avait été immédiatement reconnu, reconnu avec empressement, par toutes les puissances, reconnu et respecté même par l'ennemi.

Mais il y avait encore, à côté de ce pouvoir de fait, les débris du gouvernement déchu qui n'avait nullement renoncé à son passé, qui se berçait toujours de l'espoir de revenir et de remettre la main sur la couronne tombée, mais qui ne lui paraissait pas encore brisée.

D'un autre côté, il y avait les démagogues, les rhéteurs, les politiciens de bas étage, toute cette fermentation malsaine qui avait éclaté le 31 octobre et avait failli renverser le gouvernement de la Défense nationale.

Ce dernier était sorti, il est vrai, vainqueur de cette première révolte, mais les prétentions et les aspirations du parti qui avait poussé à l'émeute n'étaient pas vaincues; elles étaient écartées seulement et réduites au silence, mais elles couvaient toujours sous les cendres, et personne ne pouvait savoir si elles n'allaient pas s'enflammer de nouveau, et si le gouvernement serait aussi heureux alors que la première fois pour les réduire à l'impuissance et maintenir sa propre autorité.

Voilà ce qui préoccupait sérieusement les hommes d'État étrangers et ce qui leur avait inspiré cette idée de créer une « représentation légale » du pays d'une manière quelconque, n'importe par quel moyen, n'importe à quel prix. Ils désiraient avant tout fermer la porte aux surprises; ils voulaient, avant tout et par-dessus tout, se trouver en face d'une autorité qui ne fût pas seulement un gouvernement *de facto,* mais un pouvoir qui, ayant reçu la consécration — ne fût-ce qu'en apparence — des votes de la nation française, pût par cela même être accepté par tous les partis et être à l'abri des coups de mains et des surprises.

Voilà pourquoi lord Granville me demandait d'abord d'avoir recours aux conseils généraux de l'Empire, et ensuite, lorsque je lui eus démontré l'impossibilité d'une pareille solution, de faire des élections purement et simplement sans armistice, en y mettant la plus grande célérité possible.

J'aurais bien voulu lui montrer, cette fois encore, tout ce que sa proposition me paraissait avoir d'injuste et d'impossible, mais j'aurais prêché dans le désert, et je me contentai de lui dire : « Que « feriez-vous des provinces envahies et « occupées par l'ennemi ? »

La réponse du noble lord me paraît montrer, plus que tout ce que j'ai pu dire jusqu'ici, les préoccupations qui obsédaient exclusivement mon interlocuteur.

Lord Granville ne se montra pas embarrassé de ma question. Il pensait qu'on pourrait faire voter purement et simplement les provinces encore libres et que cela suffirait pour obtenir une représentation de la nation. — Je comprenais de moins en moins le raisonnement du Ministre et, emporté par un mouvement que j'avais de la peine à dominer, je répondis avec vivacité : « Non, Monsieur le Comte, « la France ne fera jamais ses élections « de cette façon-là. »

Lord Granville sentit-il l'amertume de sa proposition, ou comprit-il l'inutilité d'insister ? Quoi qu'il en soit, il me répondit à peu près en ces termes : « Bien, « je comprends. Mais, laissez-moi vous « convaincre à mon tour : puisque vous « ne voulez pas faire les élections sans « armistice, et que les conseils généraux « ne peuvent pas servir pour composer « une assemblée constituante, ainsi que « vous me l'avez expliqué, — et je com« prends parfaitement vos raisons, — « pourquoi n'avez-vous pas accepté l'ar« mistice ? Vous me dites que, dans votre « idée, douze jours pourraient suffire, à « la rigueur, pour faire les élections, pour-

« quoi ne voulez-vous pas demander un « armistice de douze jours ? » Et, sans attendre ma réponse, il me dit : « Réflé- « chissez bien et voyez la situation telle « qu'elle est : la Prusse pourrait avancer « ses troupes en France encore davan- « tage ; elle pourrait occuper le pays tout « entier et elle se trouverait toujours dans « la situation qui nous préoccupe de ne « pas savoir avec qui elle pourrait trai- « ter de la paix. » Je crois que c'est ici que lord Granville a comme effleuré la possibilité d'une restauration de l'Empire, ou, pour être plus fidèle, qu'il a très timidement et en des termes qui ont échappé à ma mémoire tellement ils étaient vagues, fait entrevoir l'hypothèse que la Prusse, faute de mieux, pourrait bien arriver à cette pensée de traiter avec le dernier gouvernement qu'avait eu la France.

Et toujours, sans attendre ma réponse, il continuait :

« La France a donné le spectacle d'un « courage militaire qui a excité l'admira- « tion de l'univers, mais il y a aussi un « *courage civil* qu'un grand peuple ne « doit pas négliger et qui est plus grand, « plus admirable encore que le courage « militaire. Vous avez fait de grandes « choses, mais il faut avoir maintenant « ce courage civil, qui consiste à recon- « naître votre situation véritable, à vous « arrêter et à cesser les sacrifices du sang « précieux de vos enfants, quand ces sa- « crifices ne peuvent plus être utiles. »

« Monsieur le Comte, lui dis-je, je vous « remercie sincèrement des paroles d'ad- « miration que vous venez de prononcer, « elles ont une grande valeur dans votre « bouche, mais je crois que, tout en ad- « mirant notre courage militaire, vous

« voyez la situation trop en noir. Nous « n'en sommes pas encore arrivés à ce « point.

« Paris, ce merveilleux Paris, le cœur « et l'espoir de la France, a tenu bon; il « est debout, enflammé du désir de sa dé- « fense, et il se défendra encore long- « temps. La grande ville n'est pas en- « core prête à se rendre; la province ne « fait que commencer à se réveiller : un « peu de temps encore, et elle opposera « à la Prusse, habituée à cette idée qu'il « n'y a plus de soldats en France, une « armée jeune, mais pleine d'enthou- « siasme, et ce ne serait pas la première « fois que de jeunes recrues de la France « auraient vaincu les armées bien aguer- « ries de la Prusse! Voilà la vérité. Ainsi « donc, le courage militaire n'est pas en- « core inutile, il n'est pas encore vaincu, « il n'a pas encore besoin de remettre le

« sort de la patrie à ce frère aîné que « vous appelez si bien le courage civil. »

Lord Granville me répondit: « Si vous « croyez que votre résistance peut vous « servir à amener un bon résultat, vous « avez raison de continuer la lutte, aussi « inégale qu'elle puisse être; mais si cela « ne doit servir qu'à affaiblir le pays en- « core davantage, les hommes qui tiennent « entre les mains le sort de la nation ont « le *devoir* de s'arrêter et de ne pas de- « mander à ce vaillant pays des sacrifices « inutiles. Les ressources de la France « sont immenses, nous le savons parfai- « tement; elle se relèvera bien vite de ces « malheurs passagers. » — M. de Beust, on s'en souvient, m'avait déjà exprimé la même idée. — « Oui, continua lord « Granville, elle s'en relèvera rapidement. « Son élasticité est merveilleuse, mais il « ne faut pas la mettre à une épreuve

« trop forte, il ne faut pas casser le res-
« sort. »

J'avais du plaisir à l'entendre parler ainsi, et je commençais à aimer cette parole lente et réfléchie, qui jusqu'ici ne m'avait pas encore donné beaucoup d'encouragement. Lord Granville avait mis une certaine chaleur à admirer les ressources et l' « élasticité merveilleuse » de la France : il termina en appuyant sur ses paroles : « La responsabilité de votre
« Gouvernement, en continuant la lutte,
« est grande, car la nation elle-même ne
« s'est pas encore prononcée sur cette
« grave question : veut-elle continuer
« ainsi la guerre à l'infini ?

« Votre Gouvernement, plein de con-
« fiance dans la force vitale du pays, se
« refuse à céder aux exigences de la
« Prusse, mais, vous ne savez pas quel
« est le sentiment de la nation. Et si elle

« n'était pas de votre avis, ou si votre « Gouvernement se trompait? Si — au « lieu de repousser l'ennemi — vous le « voyiez avancer davantage! Ses exi- « gences augmenteraient, et vous n'au- « riez fait qu'imposer à votre pays des « sacrifices aussi stériles que pénibles. »

Il était difficile de méconnaître la justesse de ce raisonnement, et je n'hésitai pas à le lui dire. Mais, je lui demandai de nouveau, avec insistance, de réfléchir et de reconnaître à son tour qu'il était impossible de s'adresser au pays et de lui demander son sentiment, tant que l'ennemi nous refuserait les moyens matériels de le faire. Je lui affirmai que le Gouvernement aurait été heureux de pouvoir consulter le pays et qu'encore à ce moment, il n'avait pas de plus grand, de plus pressant désir; mais comment faire?

Est-il possible de convoquer les électeurs, le fusil au bras, et de les faire voter, pendant que les Prussiens avanceraient pour occuper nos villes? N'est-il pas de toute évidence que, pour faire les élections, il faut une suspension d'armes?

« Tout à l'heure, lui dis-je, j'ai cru com-
« prendre que, si vous aviez à émettre un
« conseil, vous nous diriez d'essayer de
« faire les élections en nous réduisant au
« strict nécessaire, et de demander un
« armistice plus court que dans les pre-
« mières négociations, qui ont échoué sur
« la question du ravitaillement. Est-ce
« que vous voudriez nous offrir vos bons
« offices dans ce cas, et voudriez-vous
« vous charger de recommencer les négo-
« ciations à cet égard? » Il me répondit :
« Je l'ai déjà dit à M. Thiers : le meilleur
« moyen de négocier, ce serait de vous
« adresser directement et sans intermé-
« diaire au quartier général, à Versailles. »

Je fis remarquer à lord Granville qu'il connaissait lui-même suffisamment la situation pour prévoir que le résultat de ces négociations directes avec le quartier général, à Versailles, ne pourrait être que négatif. « Du reste, ajoutai-je, la question « que je me suis permis de vous adres- « ser a sa raison d'être uniquement dans « notre conversation ; elle est née du mo- « ment, elle est partie d'une réflexion « purement personnelle, et elle m'a été « suggérée uniquement par le désir de « vous montrer combien j'ai à cœur « de tenir compte des observations que « j'ai l'honneur de recueillir de votre « bouche. »

Après le conseil de lord Granville de nous adresser directement au quartier général, à Versailles, il était manifeste pour moi que le cabinet anglais n'avait qu'un désir, c'était de ne pas s'exposer, de se tenir prudemment et strictement à l'écart, de se mêler des négociations le moins possible, c'est-à-dire de ne pas s'en mêler du tout. Et il y avait une raison péremptoire pour cela; ce n'était pas uniquement mauvaise volonté, mais la crainte de se compromettre.

J'ai pu constater partout cette anxiété exagérée d'être entraîné à un conflit avec la Prusse. A ce moment-là, je regardais ce sentiment comme une abdication, mais en y réfléchissant, il me semble qu'il faudrait le juger moins sévèrement. On n'arme pas du jour au lendemain; d'un autre côté, une grande puissance ne peut pas élever la voix sans donner à ses paroles — si on ne veut pas l'écouter — l'appui de ses armées; et la Prusse, je l'ai déjà dit, n'aurait écouté aucune parole, si ce n'est celle d'un général à la tête d'une forte armée. Or, l'Angleterre, elle non plus, n'avait pas d'armée alors : elle était en plein état de paix. Et, d'ailleurs, n'était-elle pas avertie par son représentant au quartier général prussien qu'elle n'avait qu'une seule chose à faire : *se tenir tranquille !*

En effet, si lord Granville me renvoyait ainsi à Versailles pour entamer de nouvelles négociations en vue d'un armistice, c'était parce que « Odo », — il appelait ainsi de son prénom le sous-secrétaire d'État, M. Odo Russel, qui se trouvait au quartier général, — lui avait écrit que M. de Bismarck ne voulait plus l'écouter. « M. Odo, me dit-il, m'a écrit encore hier « que la France devait s'adresser mainte-« nant directement au quartier général et « que M. de Bismarck n'aurait plus autre « chose à me dire. »

L'argument était irréfutable, et je devais à une franchise pareille au moins cette justice de ne pas insister davantage, à moins de demander au président du Foreign Office ouvertement l'entrée en campagne de l'Angleterre.

Et cependant je ne voulais pas encore me retirer; voyant que lord Granville m'écoutait toujours avec intérêt et ne paraissait nullement pressé de terminer notre entretien, je rapprochai le fauteuil où j'étais assis en face de lui, et que j'avais un peu reculé pendant la dernière partie de notre conversation. Je regardai mon éminent interlocuteur, dont les genoux touchaient presque les miens; j'essayai de lire dans ses yeux bleus et je lui dis :

— « Vous m'avez fait si bon accueil « que je veux vous parler avec toute la « franchise que vous voudrez me per- « mettre. Je suis jeune, Monsieur le Comte, « mais je suis encore plus jeune dans la « diplomatie.....

— « Moi, je suis très vieux dans la di-
« plomatie », repartit-il en riant, et en montrant une série de dents fort blanches qui paraissaient donner un démenti formel à ses paroles.

— « C'est pour cela que vous serez
« indulgent envers moi et mon inexpé-
« rience.....

— « Je ne m'en aperçois pas », dit-il en riant de nouveau pour m'encourager.

— « ..... Et si vous me trouviez peut-
« être trop hardi dans mon insistance,
« mettez-en la faute au compte de ma
« jeunesse inexpérimentée et de mon
« cœur. Car il m'est impossible de rester
« calme et de dominer mon émotion
« quand je pense à l'Europe en parlant
« de la situation actuelle de la France;
« vous la connaissez.

« Maintenant, vous nous avez donné un
« conseil, un bon, un excellent conseil,

« un conseil d'ami : vous nous avez dit :
« Faites les élections. Je vous ai dé-
« montré l'impossibilité d'y procéder sans
« armistice..... et vous me renvoyez au
« quartier général, à Versailles, pour l'ob-
« tenir !

« Je vous affirme, Monsieur le Comte,
« que c'est la guerre, la continuation de
« la guerre jusqu'à l'épuisement. La France
« ne veut pas déchoir ; elle continuera à
« se défendre jusqu'à l'épuisement, elle
« luttera jusqu'au dernier homme, elle
« laissera envahir son territoire jusqu'au
« dernier village, plutôt que d'accepter
« des conditions non acceptables.

« Est-ce que l'Europe restera toujours
« spectatrice impassible de cette lutte
« terrible ?

« Est-ce que l'Angleterre se croisera tou-
« jours les bras sans intervenir, pour arrê-
« ter le carnage entre les deux peuples ?

— « Nous ne pouvons rien faire pour « l'arrêter », objecta-t-il.

— « Cependant, lui dis-je, vous au- « riez un rôle si beau, si grand à jouer! « Arrêter une guerre barbare, une guerre « de destruction entre deux nations civi- « lisées, donner à l'Europe la paix qu'elle « désire ardemment et dont elle a autant « besoin que la France elle-même, après « ces luttes terribles, après ce boulever- « sement complet de toutes les relations, « de la situation politique, économique « et financière, et vous créer ainsi un « titre éclatant à la reconnaissance, non « seulement de la France, votre ancienne « alliée et amie, mais encore de l'Europe « tout entière, car, avec votre grande « expérience, vous voyez clairement « vous-même que, si nous restons seuls « en présence de notre ennemi, ses exi- « gences seront telles que la paix ne

« pourra être conclue d'une manière du-
« rable.

« Votre intervention serait donc un ser-
« vice rendu à l'Europe tout entière.

« Et tout cela ne vous coûterait pas de
« grands sacrifices; vous n'auriez nulle-
« ment besoin de partir en guerre pour
« cela contre l'Allemagne. Il vous suffira
« de parler un langage ferme et résolu, tel
« que la raison, l'humanité et le souci de
« l'avenir à la fois vous le dictent.....

— « Et si l'on ne nous écoute pas?
« Nous ne pouvons pas faire la guerre à
« la Prusse! Nous avons fait tout ce que
« nous pouvions; nous avons beaucoup
« insisté à Versailles, mais on ne veut
« plus nous écouter.

— « Parce que vous n'avez pas osé
« parler comme il convient de le faire
« pour être écouté, parce que vous n'a-
« vez pas encore osé ou voulu prononcer

« une parole ferme, qui seule pourrait « imposer à la Prusse, et parce que vous « vous êtes bornés à des observations « timides, à des conseils discrets, pré- « sentés avec hésitation..... qui osaient à « peine se produire. Certes, ce n'est pas « à cela que la Prusse cédera! Mais si « vous vouliez changer de langage, vous « verriez bien vite la Prusse changer d'at- « titude.

— « Mais quel langage voulez-vous « que nous tenions, et qu'est-ce que vous « entendez par une parole *ferme ?*

— « Je vais vous le dire, Monsieur le « Comte; dites à la Prusse ceci :

« Vous avez obtenu un résultat sans « précédent, vous avez atteint entière- « ment, complètement, tout ce que vous « pouviez désirer. De nouveaux combats « n'ajouteraient rien à vos avantages. « Arrètez-vous maintenant, car la guerre,

« à l'heure qu'il est, commence à devenir « une guerre de destruction de races. « Arrêtez-vous; donnez au gouvernement « français la possibilité de consulter la « nation et concluez avec elle la paix; ne « refusez pas à l'Europe cette paix dont « elle a besoin.

— « Mais si la Prusse ne tient pas « compte de ces paroles?

— « Il faut appuyer ces paroles par « votre armement, je le reconnais. Mais « ce ne sera pas la guerre, puisque vous « ne voulez pas la faire. Non, ce ne sera « pas la guerre, car la Prusse ne la veut « pas plus que vous; mais la Prusse cé- « dera devant l'éventualité de voir l'An- « gleterre entrer en lutte, alors qu'elle a « déjà besoin de toutes ses forces pour « venir à bout de la France seule.

— « Qu'en savez-vous? me répondit-il, « Quelle garantie pouvez-vous me donner?

« Permettez-moi de vous le dire — et il « souriait très gracieusement pour adoucir « ses paroles : vous n'êtes pas dans les « conseils du roi à Versailles, vous n'en « pouvez rien savoir, ni moi non plus!

— « Je n'en sais rien, soit; mais n'est-« il pas permis, n'est-il pas possible de « calculer?

« Vous le savez mieux que moi : l'Al-« lemagne tout entière a un désir im-« mense de voir la fin de la guerre. La « Prusse croit qu'avec la France seule, « elle y arrivera bientôt. Voudra-t-elle « prolonger la guerre et la renouveler, en « quelque sorte, avec une grande puis-« sance comme l'Angleterre? Et l'Angle-« terre, j'ai le droit de vous le dire, ne « serait pas seule avec la France dans « une guerre pareille.

« J'arrive de Vienne. C'est à Vienne « qu'on m'a dit — et l'on m'a autorisé à

« vous le répéter — que l'Autriche est « disposée à marcher d'accord avec l'An- « gleterre dans tout ce qui intéresse la « France, et que l'Autriche suivrait l'An- « gleterre, si celle-ci voulait se décider à « une intervention effective en faveur de « la France.

— « Qui vous a dit cela ? » interrompit vivement lord Granville, « est-ce M. de « Beust ? »

Du moment où lord Granville ne paraissait nullement disposé à faire ce que je lui demandais, je ne voyais pas la nécessité de lui répondre et de compromettre peut-être un ami sincère et dévoué, en livrant le secret de ses bonnes dispositions pour nous. Je répondis donc à cette question, que si lord Granville voulait bien me faire crédit un instant, je lui nommerais la personne plus tard ; mais que cette promesse m'avait été faite à

Vienne, qu'elle avait été faite en vue de provoquer une action de la part de l'Angleterre, et que l'on m'avait donné l'autorisation expresse d'en parler ici.

— « Alors ce serait la guerre, — et « nous n'en voulons pas ! » répliqua-t-il avec énergie.

— « Non, ce ne serait pas la guerre, « ce serait, au contraire, la fin de la « guerre, repris-je vivement. Il est cer- « tainement bien téméraire de ma part de « vouloir prévoir les événements mieux « que vous et de vouloir combattre une « opinion qui vous paraît la bonne, mais, « je vous le dis avec conviction, ce ne se- « rait pas la guerre, non, ce serait la paix, « et une paix digne des deux nations, « une paix durable.

« Et voici pourquoi. En présence d'une « intervention européenne que l'Angle- « terre entraînerait par son initiative, la

« Prusse serait obligée de diminuer ses « prétentions exorbitantes, et la France, « de son côté, sera raisonnable et écou- « tera les conseils de l'Europe.

« Vous connaissez la politique de « M. Jules Favre par sa démarche à « Ferrières.

« Cette politique n'a pas changé de- « puis.

« Nous sommes bien décidés à conti- « nuer la lutte jusqu'à la dernière limite « des forces humaines devant des exigen- « ces que nous ne pourrions pas accep- « ter ; mais nous sommes prêts, la France « est prête à accepter toutes les condi- « tions qui ne seront pas incompatibles « avec son honneur.

« Une intervention effective de l'An- « gleterre signifierait donc la paix, et une « paix durable, parce qu'elle aurait été « consentie sans humiliation pour le

« vaincu, pour cette vaillante France qui « restera toujours la grande et chevale- « resque nation, malgré ses défaites ac- « tuelles. »

Lord Granville ne paraissait pas satisfait de mon insistance; il me suivait volontiers sur toutes les questions, et il mettait dans la conversation beaucoup d'entrain et de cordialité, mais chaque fois que je revenais pour démontrer le noble rôle que l'Angleterre pourrait jouer, en usant de son autorité et de sa puissance pour intervenir efficacement, il me paraissait péniblement impressionné et impatient de terminer la discussion. Il sentait peut-être lui-même, sans vouloir l'avouer, que j'avais raison lorsque je lui montrais le rôle superbe que son pays pourrait jouer dans le drame sanglant qui se continuait en France, et il éprouvait peut-être ce sentiment pénible d'un homme obligé de lutter contre sa propre conviction.

En tout cas, le sujet paraissait l'importuner et l'impatienter.

Cette fois-ci il me répliqua que la France ne devrait pas oublier que c'était, en définitive, elle qui avait commencé la guerre, et alors notre conversation roula longtemps sur ce point, sur la déclaration de la guerre par l'empereur, sur les conséquences que la chute de celui-ci pouvait avoir à cet égard, sur le changement de la nature même de la guerre. Mais ces questions n'ont plus d'intérêt aujourd'hui, et je passe.

Notre conversation avait déjà duré plus d'une heure, et je m'apprêtais à prendre congé de lord Granville.

— « Si je vous ai bien compris, lui
« dis-je, vous ne voulez absolument rien
« faire dans notre intérêt ?

— « Moi personnellement, je voudrais

« faire tout ce qu'il serait dans mon pou-
« voir de faire. Car, voyez-vous, ajouta-
« t-il d'un air sincère, presque paternel,
« j'aime la France et les Français, et je
« serais heureux de contribuer à votre
« succès. Mais, comme *homme politique,*
« je dois vous dire que nous ne pouvons
« pas faire la guerre pour elle. Voyez-
« vous, la guerre est quelque chose de
« terrible, et il faut bien réfléchir avant
« d'y aller. Vous, vous êtes plus guerriers
« que nous; les Français se battent pour
« une idée, ce qui ne serait pas possible
« chez nous. Lorsque nous avons fermé
« la dernière session du Parlement, nous
« avons pris l'engagement de ne pas nous
« écarter de la stricte neutralité, et le Par-
« lement nous a applaudis. Nous ne pou-
« vons pas nous présenter devant ce
« même Parlement pour proclamer main-
« tenant la guerre. Nous n'en avons

« pas le droit, nous ne pouvons pas le « faire.

— « Cependant, objectai-je, si je suis « bien renseigné, une guerre contre la « Prusse ne rencontrerait pas actuelle- « ment une grande opposition dans l'opi- « nion publique, et il me semble qu'une « guerre pareille serait, au contraire, po- « pulaire en Angleterre. »

Je fis remarquer, d'ailleurs, que la situation avait bien changé depuis que le cabinet anglais avait pris congé du Parlement.

« Aujourd'hui la France lutte pour une « cause juste, elle défend son foyer et « l'intégrité de son territoire. Elle a « prouvé sa force et sa vigueur extraor- « dinaires dans cette lutte inégale, ter- « rible, et elle a reconquis ce qu'elle avait « perdu par la déclaration de la guerre : « les sympathies du monde entier. Voilà

« pourquoi l'opinion publique a changé « aussi en Angleterre, et voilà pourquoi « je crois qu'une intervention effective « serait aujourd'hui un acte populaire en « Angleterre. »

Lord Granville me répondit :

« Permettez-moi de vous expliquer la « situation véritable de notre pays à cet « égard. Les militaires, et surtout les offi- « ciers, sont pour la France ; ils désirent « la guerre. Il y a ensuite dans la popu- « lation ouvrière une partie assez nom- « breuse qui partage ce sentiment ; mais « tout le reste de la population a des idées « qui diffèrent selon les opinions politi- « ques auxquelles ils appartiennent. Nous « avons des républicains, des impérialistes, « des orléanistes, des légitimistes, etc. »

Et il continuait : « Voyez-vous, nous « avons bien réfléchi. Nous ne voulons « pas parler sans pouvoir donner à nos

« paroles l'appui nécessaire pour être « écoutés. Si la Prusse ne nous écoutait « pas, nous ne pourrions en rester là ; et « nous sommes bien décidés à rester « fidèles aux engagements que nous avons « pris vis-à-vis du Parlement ; c'est pour « cela que nous ne pouvons pas faire plus « que ce que nous avons fait jusqu'ici.

— « Cela veut dire, répondis-je, que « vous ne pouvez rien faire du tout.

— « Non pas, me dit-il, mais pour le « moment nous ne pouvons rien faire. « Plus tard, quand les conditions de la « paix seront discutées, nous pourrions « intervenir dans les négociations avec « plus de succès.

— « Plus tard ! » m'écrié-je. Savez-vous « ce qu'il y aura *plus tard,* Monsieur le « Comte ? Plus tard, il y aura de deux « choses l'une : ou nous serons victorieux « et nous refoulerons les Prussiens, c'est

« ce que j'espère, et alors nous n'aurons « plus besoin de personne; ou nous se- « rons vaincus, et alors vous oserez en- « core moins parler que maintenant; en « tout cas, la Prusse ne tiendra pas plus « compte de vos paroles alors que main- « tenant. C'est maintenant qu'il faut agir, « si vous ne voulez pas être condamnés « à n'agir jamais.

Lord Granville me répondit : « Je ne « veux pas que vous me quittiez avec la « moindre illusion à cet égard. Je l'ai déjà « dit à M. Thiers, nous ne pouvons pas « nous écarter de la stricte neutralité que « nous avons observée jusqu'aujourd'hui. » Et il ajouta que la Prusse se plaignait déjà depuis longtemps de la manière dont l'Angleterre entendait la neutralité, en livrant des armes à la France et en faisant durer ainsi plus longtemps sa résistance, mais que lui, lord Granville, avait répondu que telle avait été la conduite de l'Angleterre dès le commencement de la guerre, que cette conduite était parfaitement compatible avec une stricte neutralité et qu'il ne la changerait pas maintenant, etc.

Je répliquai : « Votre réponse, Mon-
« sieur le Comte, est catégorique et nette,
« et je vous en remercie. Seulement, per-
« mettez-moi de vous présenter encore
« une dernière réflexion. Elle concerne la
« question d'Orient : ne redoutez-vous
« rien de ce côté-là ? Ne pensez-vous pas
« qu'un jour la parole de la France pourra
« vous être utile, son concours précieux ?

« Vous ne voulez pas faire la guerre
« maintenant, mais vous pourriez bien
« être forcés de la faire plus tard ; et alors
« vous serez seuls et isolés, car vous aurez
« abandonné votre ancienne amie, votre
« alliée naturelle, la France, à l'heure du

« danger. Pensez à l'avenir, Monsieur le « Comte ! La France a un avenir, elle sor- « tira de la lutte actuelle, et elle sera plus « forte, plus grande et plus puissante, « parce qu'elle aura démontré sa vitalité, « une vitalité et une énergie merveilleuses « dans l'adversité. Notre flotte, qui est « intacte, pourra jouer alors un grand « rôle. Si vous nous abandonnez mainte- « nant, vous pourrez bien être seuls à « votre tour, quand vous aurez besoin « d'un allié et quand vous serez forcés « de prendre les armes.

— « Quand nous y serons forcés, me dit- « il, eh ! bien, nous prendrons les armes « et nous partirons pour la guerre..... » Il ajouta que l'Angleterre ne se trouvait pas dans ce cas, pour le moment, et que, par conséquent, il ne voyait pas la nécessité de changer sa politique ; son gouvernement ne prendrait jamais la décision formidable d'entraîner son pays dans une guerre sans y être absolument obligé.

Il rappela une fois encore les termes dans lesquels la dernière session du Parlement avait été close et la responsabilité terrible pour un gouvernement de précipiter une nation dans les souffrances et les misères d'une guerre; puis, après quelques protestations d'amitié à l'adresse de la France, il termina par ces paroles:

« Je ne voudrais pas qu'il pût exister la « moindre méprise dans votre esprit et je « vous demande la permission de résumer « ma pensée. » Alors il posa bien nettement comme une thèse immuable que, pour les raisons qu'il m'avait indiquées, il lui était impossible de rien changer à la politique que l'Angleterre avait observée jusqu'à ce jour.

Notre entretien était terminé; seulement, je ne voulus pas quitter lord Granville sans lui répondre un mot sur l'impossibilité d'une restauration de l'Empire.

Il n'avait fait qu'effleurer cette pensée, que l'empereur pourrait bien être ramené en France par l'ennemi, et son allusion était si légère, je dirais presque insaisissable, qu'une heure après et lorsque, rentré chez moi, je notai les passages principaux de notre conversation, il me fut impossible de me souvenir exactement des termes qu'il avait employés pour m'en parler.

Cependant il y était revenu à plusieurs reprises; même, lorsqu'il avait insisté pour me faire comprendre que le gouvernement de la Défense nationale ferait bien de convoquer une Assemblée nationale, n'importe dans quelles conditions, fût-ce même sans armistice, un de ses arguments consistait à faire remarquer la possibilité d'une restauration impériale. « Au pis-aller, avait-il insinué, la

« Prusse, pourrait bien traiter avec ce « qui reste de l'Empire. »

Je pensai donc qu'il ne serait pas sans utilité de ne pas laisser se fortifier cette idée dans son esprit, et de lui faire comprendre que c'était là une pure chimère qu'il serait même dangereux de caresser. Je lui dis, à cet égard, que j'ignorais jusqu'à quel point les hommes compétents en Angleterre pouvaient regarder sérieusement un événement pareil comme étant encore possible en France ; mais qu'ils se feraient des illusions bien étranges s'ils pouvaient y croire un seul instant. Une restauration de l'Empire était désormais absolument impossible. Les partisans du régime déchu ne se faisaient guère illusion sur ce point.

« Il savent fort bien eux-mêmes, con-
« tinuai-je, — au moins ceux qui sont
« restés en France, — que le pays n'est

« plus avec eux et que le prisonnier de « Wilhelmshöhe ne pourra plus jamais « remonter sur le trône de France, ni lui, « ni les siens. Sedan a démoli à tout ja- « mais la légende napoléonienne, et la « fin sanglante et pitoyable du second « Empire a guéri à jamais la nation des « légendes dangereuses. Elle sait aujour- « d'hui trop bien ce qu'il en coûte à un « grand pays pour se donner un maître « dont le seul mérite est un nom illustre, « et ne sera pas tentée de recommencer « une pareille folie ! Celui qui est aujour- « d'hui le prisonnier volontaire de l'ennemi « s'est laissé tomber trop bas pour qu'une « nation fière comme la France puisse ja- « mais l'oublier. Encore aujourd'hui, le « malheureux empereur ne craint-il pas « d'accuser, contre toute justice, ce vail- « lant pays, autrefois son empire, d'avoir « voulu et provoqué la guerre ? Son re-

« tour en France serait le signal d'un « soulèvement général, et la Prusse, si « elle voulait le tenter, serait obligée de « le protéger par ses armées; elle perpé- « tuerait ainsi la guerre qu'elle voudrait « terminer définitivement. »

Notre conversation avait duré plus d'une heure et demie, et c'était bien lord Granville lui-même qui l'avait voulu ainsi, car, à plusieurs reprises, on était venu le déranger; chaque fois je m'étais levé pour me retirer, mais chaque fois il m'avait retenu gracieusement et avec l'insistance sérieuse d'un homme qui ne veut pas interrompre un sujet qu'il ne croit pas encore épuisé. Lorsqu'enfin je pris congé de lui, il me serra la main cordialement, en me disant qu'il serait heureux s'il pouvait obtenir pour moi un sauf-conduit qui me permît de rentrer à Paris et qu'il allait le demander dès le lendemain matin.

Pendant notre conversation, comme on l'a vu, je ne lui avais pas caché combien je désirais trouver le moyen de rentrer à Paris. Je pourrais exposer au gouvernement de la Défense nationale, la situation générale en Europe, les dispositions des cabinets et les sentiments qui régnaient aux cours de Vienne et de Londres.

Lord Granville accueillit très affablement mon désir, et montra un grand empressement à le seconder. Je n'hésitai donc pas à profiter de ces dispositions et je le priai de demander pour moi un sauf-conduit.

Malheureusement, mon désir et le sien ne se sont pas réalisés. Dès le lendemain, lord Granville me fit savoir que ses démarches n'avaient pas abouti et qu'on lui avait refusé le sauf-conduit qu'il avait demandé pour moi.

VI

A HAWARDEN CASTLE

J'ai reproduit ici avec la plus scrupuleuse exactitude presque tous les passages essentiels de ma conversation avec lord Granville.

Je voudrais en faire autant de la longue conférence que j'ai eue plus tard avec M. Gladstone, le *Prime Minister* du cabinet anglais d'alors. Les paroles de cet éminent homme d'État sont toutes empreintes d'un caractère spécial qui les rend intéressantes au plus haut degré, même quand elles vont à l'encontre de nos désirs ; mais, — *est modus in rebus,* — dans un court récit il faut savoir s'arrêter et surtout il faut se tenir en garde contre les répétitions.

M. Gladstone avait, évidemment, les mêmes idées que lord Granville en ce qui concernait la guerre, la neutralité de l'Angleterre et l'éventualité pour elle de faire une démarche quelconque dans l'intérêt de la France. Il me dit donc, en substance, exactement les mêmes choses que lord Granville sur toutes ces questions.

On verra plus tard que les deux ministres avaient dû conférer et se concerter ensemble avant de me recevoir, de façon à exprimer bien exactement la même pensée. Je me contenterai donc de donner ici seulement un extrait de ma conférence avec M. Gladstone et de rappeler sommairement les questions principales que nous fûmes amenés à y traiter.

Je rencontrai M. Gladstone pour la première fois chez son collègue lord Granville.

Ce dernier avait donné un dîner en mon honneur le lendemain de ma première entrevue avec lui, et il y avait convié aussi, entre autres personnages, M. Gladstone. C'est ainsi que j'ai fait la connaissance de celui-ci, et je me promettais d'en profiter dans l'intérêt de l'entreprise qui m'avait amené à Londres.

Certes, après les déclarations formelles de lord Granville, je ne pouvais guère espérer que son collègue, le président du Conseil, aurait d'autres vues et serait plus disposé que lui à se départir de cette politique contemplative qui paraissait si chère à l'Angleterre.

Mais, j'étais en même temps bien convaincu qu'elle n'aurait pas besoin de se précipiter dans une guerre, dont elle ne voulait à aucun prix, pour servir efficacement les intérêts de la France. Si seulement elle avait voulu prendre une autre attitude, son intervention, sans avoir besoin d'aller jusqu'à l'intervention armée, aurait certainement suffi pour modifier les exigences de la Prusse au moment des négociations.

Je n'avais pas perdu toute espérance de persuader de cette vérité les hommes d'État anglais. Aussi souhaitais-je vivement de voir le premier ministre, pour connaître le fond de sa pensée et pour lui exposer, de mon côté, nos vues et nos aspirations.

Deux jours après l'avoir rencontré chez lord Granville, je lui écrivis pour lui demander une entrevue. Il était déjà parti pour célébrer la fête de Noël — à sa campagne de Hawarden Castle, — un magnifique château seigneurial, à l'extrémité ouest de l'île, dans le comté de Lancashire, aux environs de la ville de Chester. La haute société, à Londres, passe une bonne partie de l'hiver dans ses châteaux à la campagne. Cela se comprend facilement, l'hiver est triste et sombre dans les parages brumeux de la Tamise, tandis que la campagne, en Angleterre, est ravissante, même en hiver.

Ce qui m'étonnait davantage, c'est que le premier ministre d'un grand pays comme l'Angleterre, trouvât la possibilité d'habiter une partie de l'année à une si grande distance de la capitale, Hawarden Castle étant situé à l'autre extrémité de la Grande-Bretagne ; il faut parcourir toute sa largeur entre Londres et Liverpool pour y arriver, et, si ma mémoire me sert bien, il me semble que le train express de Londres met six heures pour atteindre la petite station de chemin de fer qui est à deux milles du château. Que dirait-on en

France d'un président du Conseil qui voudrait habiter si loin de Paris? On croirait la chose impossible et, à la vérité, elle le serait; à Londres, au contraire, tout le monde la trouve naturelle, et les affaires n'en vont pas plus mal pour cela. Mais les Anglais sont pratiques, et nous ne le sommes pas.

M. Gladstone a purement et simplement comme auxiliaire le télégraphe, qui est installé dans son château et qui va directement de son cabinet de travail à son cabinet du ministère à Londres. C'est ce qui lui permet de rester en communication permanente avec tout son ministère, et de transmettre ses ordres à tout moment, de jour et de nuit.

M. Gladstone répondit immédiatement à ma lettre. Il me dit qu'il regrettait beaucoup d'être parti pour la campagne avant d'avoir eu l'*opportunity* de me recevoir, mais qu'il se flattait de l'espoir que je ne reculerais pas devant un voyage pour lui faire le plaisir d'une visite et que j'accepterais son hospitalité à Hawarden Castle. Il n'avait pas l'intention de revenir de sitôt à Londres, et là, au château, nous pourrions causer, tout à notre aise, de tout ce qui me plairait.

Je n'hésitai pas à accepter son invitation; mais sachant que Noël est en Angleterre la fête de famille par excellence, je ne voulus pas y mêler un étranger, et je répondis que je m'empresserais de lui rendre visite deux jours après « Christ« mas ». Le jour de mon arrivée, le fils de M. Gladstone m'attendait à la station; mon appartement était préparé au château.

Le lendemain, après déjeuner, le maître de la maison s'étant mis à ma disposition pour une conférence, nous nous rendîmes dans son cabinet de travail.

La conférence fut longue et cordiale ; elle me confirma de nouveau dans cette conviction que, si nous avons été abandonnés si complètement par nos voisins, c'est que la guerre avait éclaté trop soudainement sans que personne y eût pensé, sans qu'aucune puissance eût eu le temps de s'y préparer.

Et puis, au risque d'être accusé de m'abandonner à des redites, il faut que je répète ce que j'ai déjà constaté et ce qui m'a frappé dans toutes les conférences à Vienne, à Londres, partout : c'est que les puissances craignaient nos vainqueurs. Et cette crainte n'était pas sans raison ; elle provenait justement de cet état d'impuissance où la soudaineté de la guerre avait plongé tous les gouvernements. La guerre les avait surpris dans un repos absolu et comme dans le sommeil.

Dans l'Europe tout entière, une seule

puissance était sur ses gardes, et ne fut pas surprise, car elle s'attendait à l'alarme et s'y était préparée de longue date : c'était l'ennemi même que l'Empire avait choisi dans un moment de malheur et d'aveuglement !

Et si je dis qu'une seule puissance prévoyait l'alarme et s'y était préparée, — une seule, — cela est vrai dans le sens littéral, numérique du mot, sans même excepter le malheureux Empire qui avait provoqué la guerre à la stupéfaction générale.

Il est prouvé aujourd'hui que l'Empire est parti pour la guerre avec la Prusse, comme s'il s'était agi d'une promenade militaire à Berlin. On n'y voyait aucun danger, pas même une difficulté.... Et l'aveuglement était tel qu'on allait à cette guerre néfaste, sans même avoir préparé les moyens matériels qu'une lutte pareille exigeait, et encore moins sans s'être assuré aucune alliance. Nous étions isolés complètement, et cet isolement a duré jusqu'à la fin, jusque durant la conclusion de la paix, forcément, et par la fatalité des choses.

Lorsque la candidature du prince de Hohenzollern fut définitivement abandonnée et que l'orage qui grondait sembla un moment dissipé, toutes les puissances s'étaient remises aussitôt de l'alarme et croyaient l'incident terminé. La déclaration de guerre, survenue après, alors que personne ne s'y attendait plus, jeta forcément tous les États de l'Europe dans une stupéfaction profonde et les trouva dans un état d'impuissance absolue : la possibilité matérielle de s'armer leur a fait défaut, le temps nécessaire leur a manqué à cause de la rapidité avec laquelle se précipitèrent les événements.

Puis, les hostilités une fois commencées, la Prusse ne leur a plus permis de prendre haleine, ne leur a pas laissé le temps de revenir de leur stupéfaction ; au contraire, elle les y plongeait de jour en jour davantage par la marche rapide et le cours vertigineux de ses victoires.

C'est ainsi que notre isolement, qui avait marqué le début de la guerre et qui a imprimé à l'entreprise le caractère d'une folie coupable, a continué pendant nos désastres et jusqu'au dernier moment des négociations terribles qui ont fini par la mutilation de la France.

Certes, l'égoïsme et l'inertie des puissances ont égalé la folie d'une pareille déclaration de guerre, car, si les hommes d'État qui présidaient à leurs destinées avaient voulu suivre alors une autre politique, une politique plus élevée, plus clairvoyante, la mutilation de la France aurait été empêchée. Les germes de nouvelles complications dans un avenir plus ou moins prochain auraient été écartés et les bases d'une paix sincère et durable auraient pu être fondées en Europe; le désarmement général — l'âge d'or des temps modernes — aurait pu être préparé. Hélas! ils n'ont pas su profiter de l'occasion!

Cependant les puissances ont pu dire, pour expliquer leur conduite, ce qu'on m'a répété alors si souvent : « Mais vous « nous prenez à l'improviste, nous ne « sommes pas prêts. La France est en« vahie, les armées allemandes sont vic« torieuses, enivrées de leur succès, et si « la Prusse repoussait notre intervention, « si elle nous prenait au mot, le jour où « nous parlerions moins timidement, nous « serions battus avec vous, parce que « nous ne sommes pas armés, parce que

« nous sommes hors d'état de lutter « contre l'Allemagne victorieuse. »

C'est là ce qui explique l'attitude pusillanime que les États d'Europe ont conservée pendant la guerre et dont aucune puissance n'a osé se départir, même au moment de la conclusion de la paix.

Ce ne sont ni les sympathies ni les bonnes volontés qui ont fait défaut à la France, mais on craignait notre ennemi et l'on ne se sentait pas en état de se mesurer avec lui. Voilà, si je ne me trompe, la véritable cause de notre isolement, même à la fin de la lutte, alors que les sympathies nous étaient revenues et que la France avait montré une vigueur et une vaillance qui méritaient un autre sort.

Mais je reviens à ma conférence avec M. Gladstone, à Hawarden Castle. Si elle fut stérile, comme toutes les autres, elle fut au moins complète. Nous avons examiné et épuisé jusqu'au fond et dans les moindres détails toutes les questions.

M. Glyn, député et *Secretary of the Treasury*, ami de la maison, me disait, en me voyant sortir avec M. Gladstone de son cabinet : « Vous pouvez vous flatter « d'avoir su retenir le *Prime Minister* plus « longtemps qu'aucune autre personne que « je connaisse. Depuis que M. Gladstone « est premier ministre, il n'a jamais accordé « une audience aussi longue que la con- « férence que vous venez d'avoir avec « lui. »

C'était évidemment très flatteur pour la cause qui m'avait amené et, en effet, elle valait la peine d'être traitée à fond ; mais, sans méconnaître en rien l'extrême obligeance de mon charmant hôte, j'aurais préféré un bon résultat, même après un entretien plus court.

M. Gladstone parle parfaitement le français, cependant — et c'est là un trait caractéristique qui montre bien l'esprit pratique et circonspect du grand homme d'Etat de la race anglo-saxonne — il m'a demandé la permission de parler avec moi en anglais, parce que, disait-il, il était plus sûr de la précision de ses expressions dans sa propre langue.

« La précision de ses expressions ! » — n'y a-t-il pas là une leçon remarquable, un enseignement curieux à retenir ?

Voilà un ministre éminent, vieilli dans la politique et habitué aux conférences les plus importantes et les plus difficiles ; il se trouve en présence d'un jeune homme qui pourrait être son fils, et il prend des précautions sérieuses pour garantir l'assurance de ses paroles et pour contrôler la précision de ses expressions !

J'ai profité de la leçon, et j'ai suivi son exemple. J'ai accepté sa proposition, mais en lui demandant la « réciprocité », c'est-à-dire, la permission de lui répondre en français. Notre conversation s'est donc faite dans les deux langues : M. Gladstone parlait anglais et je lui donnais la réplique en français.

Le premier point que nous avons examiné, fut l'élection d'une Assemblée nationale.

M. Gladstone a émis à cet égard une opinion qui marque bien la différence qui existe entre lui et lord Granville. J'ai reproduit plus haut fidèlement l'opinion de lord Granville et le lecteur a pu constater l'insistance qu'il avait mise à conseiller l'élection d'une représentation nationale de n'importe quelle manière. Voici maintenant ce que pensait M. Gladstone à cet égard.

Faut-il procéder à des élections, ou au contraire, me dit-il, faut-il n'y pas songer dans les circonstances actuelles? C'est là une question purement et essentiellement intérieure, une question qui ne regarde personne en dehors du gouvernement de la France. C'est le gouvernement français seul qui doit en être juge et arbitre souverain ; aucune voix du dehors n'a le droit de se faire entendre sur l'opportunité de cette mesure. Mais, lui non plus, M. Gladstone ne voyait pas l'impossibilité de procéder aux élections, même sans armistice, et s'il avait le droit de donner son avis au gouvernement français, il lui conseillerait de les faire. Cependant, il ne se refusait pas à reconnaître qu'il y avait de très bonnes raisons pour être d'un avis contraire.

Si l'on ne peut pas dire, ajoutait-il, qu'il y a impossibilité matérielle de convoquer une Assemblée nationale, il existe au moins ce que l'on peut appeler impossibilité morale, parce que la dignité des élections souffrirait beaucoup de la présence de l'ennemi et de la situation actuelle du pays.

Quant à lui personnellement, il n'hésitait pas à reconnaître que le gouvernement de la Défense nationale était bien le gouvernement *légal* du pays à l'heure présente. Ce gouvernement était fort de l'approbation et de l'assentiment, non seulement de Paris qui l'avait consacré par un vote formel, mais encore de la France tout entière, et chaque jour qui s'écoulait, devait servir à augmenter sa force morale et son autorité à l'intérieur autant qu'au dehors. Il constatait avec plaisir les grands efforts que le gouvernement de la Défense nationale avait faits pour tenir tête à l'ennemi, et il le félicitait du grand progrès que la résistance avait pu accomplir, grâce à ces efforts.

M. Gladstone ne ménageait pas ses compliments à notre égard; il paraissait animé d'une grande admiration pour la France, et d'un grand désir de voir nos efforts couronnés de succès. Les derniers événements surtout lui avaient donné l'espoir que nous arriverions par nos propres forces au résultat désiré.

Lorsque nous parlâmes des faits d'armes de la dernière quinzaine — les batailles de l'armée de la Loire — et de l'organisation générale du pays, il fit lui-même le parallèle entre la situation au commencement de la guerre et le progrès que nous avions réalisé depuis.

« Je constate avec plaisir, me dit-il, un « grand changement dans votre situation : « votre organisation militaire a fait des « progrès considérables. La guerre est « entrée, comme vous me dites avec rai- « son, dans une nouvelle phase. Vous n'a-

« vez plus uniquement que des revers à « enregistrer, vous avez aussi des succès « et surtout vous avez une résistance so- « lide. Vous avez des soldats, vous avez « des corps d'armée à opposer à l'en- « nemi. La Prusse commence à rencon- « trer des obstacles sérieux sur sa route. « Tout cela est vraiment admirable, et « fait espérer que vous entrerez peut-être « bientôt dans une dernière phase, celle « de la réussite. Cependant, il ne faut pas « se le dissimuler, ce n'est encore qu'un « espoir lointain ; vous n'êtes encore que « dans l'état de résistance solide : *in the* « *state of solid resistance.* »

« J'ai grande confiance, me dit-il en- « core, dans votre succès final. *The fond-* « *amental power of the French Nation is* « *greater than any man thinks usually :* la « force fondamentale de la nation fran- « çaise est plus grande que ne pense or-

« dinairement qui que ce soit. Je constate « cette force fondamentale dans toute son « histoire. Voyez, par exemple, le règne « de Louis XIV. Voyez ce que la France « a souffert dans les guerres de cette épo- « que, et ce qu'elle est devenue malgré « son épuisement. Et il ne faut pas oublier « que la France à cette époque était di- « visée en petits États, tandis que main- « tenant elle est un seul et grand pays « uni. »

M. Gladstone continuait ainsi, et il ne se lassait pas d'admirer les efforts prodigieux que nous avions faits et que nous faisions journellement pour résister à un ennemi qui avait tous les avantages sur nous. Mais lorsque, tout en le remerciant de ses bonnes paroles, je lui demandai un concours plus efficace et moins platonique que l'admiration pure et simple, il me répondit, comme son collègue lord

Granville, par un *non possumus* absolu. L'Angleterre désirait le succès de la France, mais elle ne pouvait pas sortir de la stricte neutralité qu'elle avait gardée depuis le commencement de la guerre. Le gouvernement ne pouvait pas jeter le pays dans une aventure pareille et l'exposer à une guerre formidable sans nécessité.

Et l'homme d'État anglais exposa son système avec une grande chaleur et une éloquence remarquable.

Le Parlement anglais avait clos sa dernière session sur une déclaration formelle du ministère, laquelle peut se résumer dans un seul mot « *peace* » *paix*. Le gouvernement avait pris ainsi solennellement, devant le pays qui l'avait approuvé, l'engagement de lui maintenir ce bien précieux, *the peace,* et il n'avait pas le droit de lui enlever tous les bienfaits, toutes les bénédictions que la paix déverse sur une nation riche, forte et laborieuse. Le gouvernement était lié par sa promesse, il eût été criminel s'il eût voulu y manquer.

M. Gladstone est philosophe et historien ; il aime à remonter aux principes et à envisager les questions au point de vue élevé de la morale. Après avoir constaté que son gouvernement avait pris, vis-à-vis de son pays, l'engagement de maintenir la paix, il examina la question de la guerre en général.

La guerre est une calamité terrible pour l'humanité ; peut-il y avoir des circonstances qui justifient un gouvernement de lancer un pays dans une guerre, et quelles sont ces circonstances ?

M. Gladstone, tout en désirant restreindre autant que possible les limites dans lesquelles une guerre puisse être justifiée, pense qu'un grand pays peut avoir le droit de faire la guerre chaque fois que ce serait pour une *cause juste;* par conséquent, il est d'avis qu'un gouvernement pourra engager le pays dans une guerre juste, mais à la condition que la nation y ait donné son consentement.

J'acceptai ce principe. La thèse me paraissait bonne pour ma cause, et je laissai continuer mon interlocuteur sans l'interrompre. A la fin de sa démonstration, je ramenai notre conversation à l'état actuel des choses, en faisant remarquer à M. Gladstone que la guerre entre la France et l'Allemagne avait bien changé de caractère depuis le renversement de l'empereur.

Au commencement, on pouvait supposer, au point de vue philosophique, que c'était une guerre injuste de notre côté; elle avait été provoquée sans raison suffisante dans un but de conquête. Mais, maintenant, l'empereur avait disparu ; la France était seule en présence de l'Allemagne ; *elle lui offrait réparation du dommage que son gouvernement lui avait causé par sa provocation ;* la nation française qui, elle, n'avait jamais voulu la guerre, luttait maintenant pour son existence, pour l'intégrité de son sol ; elle se *défendait* contre l'invasion et la *conquête.* C'était donc pour une cause juste et sainte qu'elle continuait la lutte, et c'était l'Allemagne qui se refusait à cesser une guerre devenue impie et immorale de son côté, puisque le seul but hautement avoué de l'Allemagne, c'était la conquête brutale de l'Alsace et de la Lorraine.

M. Gladstone ne méconnaissait pas la justesse de ce raisonnement.

Je continuai et je lui demandai s'il n'admettait pas qu'une grande nation pût avoir non seulement le droit, mais encore, jusqu'à un certain point, le devoir d'intervenir dans une guerre de cette nature, et si cette nécessité n'existait pas pour elle alors que, non seulement son intervention servirait à soutenir la cause juste et morale, mais encore que son intervention serait de son propre intérêt ?

M. Gladstone reconnaissait encore qu'il pourrait y avoir des circonstances de nature à obliger l'Angleterre à prendre les armes pour intervenir dans une lutte entre deux autres puissances, mais il prétendait que ces circonstances n'existaient pas dans la guerre actuelle.

Je lui fis remarquer alors qu'un avenir, peut-être très prochain, lui ferait regretter l'occasion qu'il avait de nous obliger en saisissant l' « opportunity » de faire la guerre pour une « cause morale », et avec l'approbation du peuple anglais. Je lui signalai les difficultés qui se préparaient pour l'Angleterre en Orient et les services que nous pourrions lui rendre à notre tour de ce côté-là... Il me répondit qu'il ne regardait pas la situation en Orient comme dangereuse et qu'il ne partageait pas l'opinion de ceux qui y voyaient une source de graves complications pour l'Angleterre. « Je ne crains rien de ce côté-là, « me dit-il : il ne faut pas oublier, en tout « cas, que la Russie a des provinces alle- « mandes, et qu'elle est plus menacée par « la Prusse que nous. D'ailleurs, nous som- « mes à l'abri des attaques de la Prusse « par la situation naturelle de notre pays. « Elle ne pourrait pas encore prendre la « petite île de Helgoland contre notre « volonté. »

Je passai ensuite à un autre ordre d'idées. Je constatai l'ancienne amitié qui unissait les deux peuples ; les grands intérêts économiques qui les rapprochaient l'un de l'autre tous les jours davantage, et je lui demandai si, à tous ces points de vue, l'Angleterre ne devait pas à la France une autre attitude que celle d'une spectatrice inerte et impassible, alors surtout que son intervention pourrait lui assurer une paix honorable, une paix juste, honnête et morale ?

M. Gladstone reconnut avec empressement que la France avait des droits à l'amitié de l'Angleterre. « Mais, continua-« t-il, *I don't think,* je ne pense pas, que « ces droits puissent aller jusqu'à nous « faire intervenir dans une guerre qu'elle « a commencée elle-même et sans nous. « *I don't think,* je ne pense pas que notre « amitié puisse aller jusqu'à une déclara-« tion de guerre à la Prusse de notre « côté et jusqu'à nous faire battre avec « vous. »

Et M. Gladstone revint ici, — non sans

quelque humeur, — à cet éternel reproche qu'on nous a fait depuis le commencement de la guerre et que j'ai rencontré partout, dans la bouche de tous ceux que j'ai approchés. « Mais, en définitive, me « disait-il, qui est-ce qui a commencé? « qui est-ce qui a voulu cette guerre dé- « plorable? qui est-ce qui l'a provoquée « sans raison et uniquement dans le but « de conquête, dans le but de prendre le « Rhin? » Ma réponse était bien simple. Je me mis sur le terrain que M. Gladstone avait choisi lui-même : je reconnus loyalement nos torts. La guerre était l'œuvre du gouvernement français; c'est lui seul qui l'avait commencée sans raison suffisante et, au point de vue philosophique, dans un but inavouable et immoral, dans le seul but de la conquête. Je n'essayai même pas de disculper la nation en démontrant, comme j'aurais pu le faire, que la nation française était loin de désirer cette guerre et que, si on l'avait consultée, elle l'aurait repoussée de toute son énergie.

Au contraire, j'admis la responsabilité de la nation par cela même qu'elle avait supporté le gouvernement impérial et accepté un régime qui pouvait la lancer dans une pareille guerre au milieu de pareilles circonstances, car avec un ministre qui aime à mêler la philosophie à la politique, il faut raisonner à sa manière. « Mais, ne pensez-vous pas que la situa-« tion n'est plus la même aujourd'hui ? « Le gouvernement qui a commencé la « guerre n'est plus. La Nation est libre « aujourd'hui ; elle s'est prononcée — elle « n'a jamais voulu la guerre ; elle la veut « aujourd'hui moins que jamais. Elle offre « à l'ennemi sa rançon. Ne pensez-vous « pas que les torts passés ont été rache-« tés, en ce qui concerne la Nation, par

« les ouvertures que M. Jules Favre a « faites à M. de Bismarck à Ferrières ? »

Je ne m'étais pas trompé . ce raisonnement était de son goût.

M. Gladstone s'empressa de reconnaître que l'entrevue de Ferrières pouvait être regardée comme un événement considérable. Elle avait imprimé à la continuation de la guerre un autre caractère ; les rôles étaient changés aujourd'hui. C'était la Prusse qui poursuivait maintenant un but de conquête ; c'était la France qui défendait son territoire et le sol sacré de la patrie. Et M. Gladstone, avec une lucidité admirable et une grande éloquence, exposait ses vues en ce qui concerne la guerre de conquête, la défense légitime du territoire, la continuation « *impie* » de la guerre...

Je ne reproduirai pas ici tout le système du savant *Prime Minister of England ;* je constaterai seulement qu'il reconnut lui-même ce que je lui avais indiqué au commencement, à savoir : le droit et même le devoir pour une grande nation d'intervenir dans une guerre impie, — *impious war,* — pour la faire cesser dans l'intérêt de la cause morale.

Mais, lorsque je lui demandai l'application de sa thèse à la guerre actuelle, lorsque je lui montrai qu'il se trouvait en présence d'un cas pareil et que jamais ses théories ne pourraient être mises en action avec plus de raison que maintenant, il secoua la tête...

« *That is a tremendous responsibility* », me répondit-il avec conviction, d'une voix grave et presque solennelle, « c'est « une responsabilité à faire trembler que « de lancer une nation dans la guerre. La « nation anglaise a cruellement souffert « des guerres des siècles passés ; elle a be-

« soin de la paix, elle veut la paix. Nous n'a-« vons pas le droit de la jeter dans toutes « les misères d'une guerre pareille. Car ce « serait une guerre européenne, une con-« flagration générale, et nous n'avons pas « le droit de nous y jeter volontairement « sans être provoqués ni attaqués. »

J'insistai en invoquant contre lui ses propres paroles, et je m'évertuai à lui démontrer surtout que ses craintes étaient exagérées. Loin d'amener une conflagration générale, l'intervention de l'Angleterre aurait pour résultat d'empêcher la continuation d'une guerre *impie* et *immorale,* et cette intervention aurait l'approbation de la nation anglaise : elle serait juste, morale et presque populaire dans le pays.

M. Gladstone ne s'engagea pas dans la discussion du principe qu'il avait posé et développé lui-même ; il l'admettait, mais il ajouta : « Nous ne sommes pas aussi sûrs

« que vous paraissez l'être qu'une guerre « contre la Prusse serait populaire en An- « gleterre.

« Loin de moi la pensée qu'une grande « nation puisse se soustraire à une guerre, « alors surtout que la guerre aurait pour « but une cause *morale*. Je suis égale- « ment loin de contester que la guerre « actuelle n'ait pas complètement changé « de nature depuis la chute de l'Empire, « puisque sa continuation de la part des « Prussiens n'a qu'un seul but, celui de « la conquête — chose immorale en elle- « même, — mais je ne suis nullement con- « vaincu qu'une guerre contre la Prusse « serait réellement populaire en Angle- « terre.

« Et, voyez-vous, même si l'Autriche « marchait avec nous, ce serait toujours « nous qui aurions commencé, qui l'au- « rions entraînée. Par conséquent, c'est

« toujours nous qui aurions causé la « guerre, et c'est une responsabilité ter- « rible, — *a tremendous responsibility,* — « que nous ne voudrons jamais assumer, « ni moi ni aucun de mes collègues. »

Quant à la cession de l'Alsace et de la Lorraine, que la Prusse demandait comme condition *sine quâ non* de la paix, voici ce qu'en pensait M. Gladstone : « L'An- « gleterre ne donnera jamais son consen- « tement — *never will agree* — à une « cession territoriale quelconque. Le peu- « ple anglais, disait-il, a en horreur les « guerres de conquête et ne donnera ja- « mais son assentiment — *agreement* — « à un démembrement de la France. »

Je ne comprenais pas bien ce que cela pouvait signifier, alors que, d'un côté, la Prusse annonçait hautement ses préten- tions, et que, de l'autre, l'Angleterre était bien décidée à ne pas s'y opposer. J'ai fini par comprendre que c'était encore... une théorie que M. Gladstone entendait exposer. Il voulait dire par cela simplement que l'Angleterre n'approuverait pas l'annexion des deux provinces à la Prusse, mais qu'elle ne pourrait rien faire pour l'empêcher.

M. Gladstone, dès le commencement de notre conversation, avait exprimé une grande confiance dans notre succès final. Il revint sur ce thème à la fin. « Vos ef-« forts, disait-il, sont prodigieux; ils seront « couronnés de succès. Vous finirez par « remporter la victoire. » Et reprenant la question de l'intervention de l'Angleterre, il ajouta : « Plus tard, notre intervention « pourra être utile.

— « Plus tard, lui dis-je, mais alors « quand ?

— « Quand les armées françaises seront « victorieuses.

— « Comment, répondis-je, c'est alors « que vous avez l'intention d'intervenir ? « C'est en cela que consiste votre amitié? « Vous voudriez donc intervenir *contre* « nous ?

— « Non, dit-il, non, *pour* vous ; mais « l'occasion sera plus favorable que main- « tenant, et la Prusse nous cédera plus « facilement... »

Je répondis à l'éminent homme d'Etat ce que j'avais déjà répondu à son excellent collègue lord Granville, que c'était là une singulière manière de pratiquer l'amitié, et qu'en tout cas, son intervention alors serait bien inutile :

« *Hic Rhodos, hic salta !* C'est mainte- « nant qu'il faut intervenir ou jamais !... »

Je ne veux pas terminer ce récit sommaire sans indiquer encore quelques paroles curieuses de M. Gladstone en ce qui concerne le second Empire.

Il est évident que nous avions dû en parler. Je m'étais imposé dès le début de mon voyage, comme règle, de n'en parler qu'avec une grande réserve.

C'était à des diplomates étrangers que je parlais ; par conséquent, il n'était ni digne de mon rôle, ni nécessaire pour ma mission, d'abaisser plus encore qu'il ne s'était abaissé lui-même le gouvernement que la France avait supporté pendant dix-huit ans.

Mais, les personnes que je voyais ne se croyaient pas obligées à la même réserve, et, à Vienne aussi bien qu'à Londres, le gouvernement déchu, qui avait précipité la France dans cette guerre, était jugé bien sévèrement. Voici ce que me disait, entre autres choses, M. Gladstone :

« Nous avons toujours regardé le 2 Dé-
« cembre avec horreur — *with horror* —
« et nous avons toujours détesté son ré-

« gime ; car nous avons horreur du des-
« potisme. Mais, puisque la nation fran-
« çaise l'a accepté, nous, de notre côté,
« nous n'avions pas autre chose à faire
« que de le supporter ; car c'était une
« question de politique intérieure qui ne
« regardait aucunement l'étranger.

« Plus tard, notre aversion a diminué.
« Les relations d'amitié que l'Empire a
« rétablies entre la France et l'Angleterre
« et surtout les *grandes relations commer-*
« *ciales* qu'il a ouvertes par les traités de
« commerce nous ont fait oublier l'horreur
« que nous avaient inspirée son origine
« et son despotisme, — mais, nous n'avons
« jamais pu nous réconcilier franchement
« avec ce dernier.

« C'est seulement au mois de janvier
« 1870 que nous avons espéré une amé-
« lioration. Nous avons pensé alors qu'un
« nouveau régime, un régime parlemen-

« taire, avec les libertés nécessaires, allait « commencer en France, et nous avons « salué le ministère qui devait les donner, « avec plaisir et satisfaction.

« Mais, malheureusement, nous nous « sommes trompés..... »

Revenant sur la guerre et examinant les causes qui l'avaient amenée, M. Gladstone dit : « Nous avons tout fait, tout ce « qui dépendait de nous, pour empêcher « le gouvernement tombé de se jeter dans « cette guerre avec l'Allemagne.

« Nous l'avons averti, mais il n'a pas « voulu nous écouter.

« Il a voulu la guerre absolument, et il « s'y est engagé, mais non pas sans avoir « été suffisamment averti — *warned* — et « complètement instruit de la situation de « l'adversaire qu'il allait provoquer..... »

Le lecteur se souvient que les mêmes paroles m'avaient été déjà dites à Vienne, et je les reproduis encore sans commentaire.

J'en ferai autant d'un trait bien caractéristique, et qui m'a singulièrement frappé de la part de M. Gladstone.

En se levant et en sortant avec moi de son cabinet, il me dit : « Avez-vous re-
« cueilli — *gathered* — dans notre entre-
« tien une différence quelconque — *any*
« *difference* — entre mes vues et celles
« de lord Granville ? »

Je termine ici ce récit.

Je le reprendrai plus tard, si les circonstances me le permettent, pour raconter les événements qui se sont succédé pendant les mois de décembre et janvier jusqu'à la conclusion de la paix.

SECONDE PARTIE

« *LE VAUBAN* »

PÉRIPÉTIES DE VOYAGE

I

DÉPART

Notre départ était fixé au 28 octobre, à neuf heures du matin.

La matinée était très belle, fraîche et claire; le ciel était sans nuage et le soleil envoyait ses plus beaux rayons sur la terre, tandis qu'un vent glacial balayait les rues calmes et désertes de la capitale en repos. Il y avait déjà, malgré l'heure matinale, beaucoup de monde autour du ballon, qu'on était en train de gonfler: deux ou trois cents curieux étaient venus pour assister au départ.

Lorsque j'arrivai, le ballon s'emplissait doucement, lourdement, lentement; il commençait déjà à se détacher du sol et se levait, peu à peu, majestueusement, comme un géant qui sort de la terre.

Bientôt, il se dressa entièrement, debout, grand, formidable, et, comme impatient de prendre son vol, il se balançait et remuait sa masse énorme.

Le voilà qui monte et qui flotte au vent au-dessus de la petite nacelle, encore solidement attachée au sol pour permettre le chargement de la cargaison.

On embarquait dans la nacelle cinq ou six sacs de la poste pleins de correspondances et de dépêches, des milliers de ces petites lettres, sur ce papier fin que le siège de Paris avait inventé pour les besoins d'une nouvelle correspondance à travers les nuages; messagers rares et impatiemment attendus, puisqu'ils distribuaient à la France du dehors la consolation d'une ligne écrite, d'un signe vivant, des êtres chéris restés enfermés dans les remparts.

Lorsque tout fut chargé, le tour des voyageurs arriva. Mais avant de nous faire monter, il était nécessaire de s'assurer de la direction du vent. Puisque tout l'est de la France était déjà investi, les ballons ne pouvaient plus partir avec quelques chances de salut que par un vent tirant à l'ouest.

C'est d'ailleurs la seule précaution qu'on ait prise pour l'expédition des ballons, qui s'en allaient — le mot est vrai dans son acception littérale — au hasard et au gré des vents. Nous n'avions, quant à nous, pas même une boussole pour reconnaître en route la direction que prenait notre nacelle, comme si le vent restait toujours le même et ne changeait jamais, et comme s'il suffisait d'en connaître la direction au départ pour savoir aussi le point de l'arrivée.

On avait donc fait précéder notre départ d'un ballon d'essai, lancé pour explorer les airs et s'assurer de la direction du vent. Elle était bonne, le vent était propice — *obstrictis aliis, præter Japyga* — l'est seul soufflait, et le petit ballon éclaireur partait gaiement et disparaissait promptement à l'ouest de l'horizon. Alors une voix solennelle retentit : « Mes- « sieurs les voyageurs, en ballon ! » Je n'oublierai jamais cette voix-là : elle sonne encore aujourd'hui dans mes oreilles comme un clairon.

« Messieurs les voyageurs, en ballon ! » Vite, on embrasse les amis, on monte sur la petite échelle de corde qui conduit à la nacelle, on se retourne une dernière fois. Une dernière poignée de mains, et nous voilà assis sur les banquettes de l'embarcation aérienne pour une destination inconnue.

L'inconnu a toujours je ne sais quoi

d'imposant et, sans nous préoccuper précisément du danger matériel de notre voyage, chacun de nous ressentait un certain recueillement solennel au moment où la nacelle quittait la terre. Nous étions trois voyageurs : M. Cassier, le directeur des pigeonniers de France — qui avait emporté une quantité de ses fidèles messagers, un matelot — qui servait d'aéronaute improvisé, et moi.

Chacun s'installait le mieux possible sur les petits bancs en osier qui se trouvaient à l'intérieur de la nacelle. Il y en avait deux, se faisant face l'un à l'autre, et donnant chacun place à deux personnes. A nos pieds et au fond de la nacelle se trouvaient entassés les sacs de dépêches, les lettres et le ballast. Sur le bord de la nacelle, l'ancre était solidement amarrée, trop solidement amarrée même et trop lourde pour servir en cas d'accident.

Le tout pouvait représenter un poids dépassant 1,000 kilogrammes.

Sitôt que nous fûmes assis, le ballon commença à louvoyer. Son départ ne s'effectuait pas sans difficulté. Il fallait le diriger de manière à lui laisser un passage libre, sans qu'il puisse rencontrer et démolir en passant les toits des maisons qui entouraient la cour de la gare d'Orléans. Cette opération n'était pas des plus faciles; elle demandait du temps et une certaine adresse de la part de ceux qui retenaient le ballon, qui surveillaient son ascension et qui ne devaient lui rendre définitivement la liberté qu'au moment où la nacelle aurait dépassé le sommet des maisons. Ces manœuvres compliquées se prolongèrent; elles nous laissaient le temps de regarder autour de nous et de réfléchir.....

Soudain la phrase sacramentelle: « Lâ-

« chez tout ! » se fit entendre. Le moment du départ définitif était arrivé.

Toutes les mains abandonnent à la fois les cordes, et coupent vivement les amarres : le ballon est libre, et il monte rapidement en tournoyant autour de son axe, grand et majestueux, comme un aigle qui prend son vol. « Bon voyage aux « courageux voyageurs ! Bon voyage ! » criait la foule, et tout le monde se mettait en mouvement en agitant mains, mouchoirs, chapeaux ; il y avait même des drapeaux qui flottaient gaiement au vent. C'était un touchant spectacle que tous ces bras qui se tendaient vers nous et nous envoyaient encore, au moment du départ, un dernier salut et comme un adieu de la terre chérie que nous venions de quitter.

Ce ne fut qu'un moment bien court et qui passa comme un éclair. Le ballon tournait avec une rapidité vertigineuse autour de lui-même ; il montait, montait, montait et tournait toujours.

La gare d'Orléans, les rues de Paris, avec ses maisons et ses monuments, les dernières lignes de la ville, l'enceinte, la campagne et les forts, tout apparaît et disparaît dans un mouvement d'une vitesse affolante ; l'œil ne voit plus, l'esprit ne conçoit plus, l'intelligence et le regard s'arrêtent comme stupéfaits, paralysés de cette danse effrénée, gigantesque, sans fin, sans but, sans arrêt !

Où sommes-nous ? Où allons-nous ? Que signifie ce tournoiement perpétuel ? Quand s'arrêtera-t-il ? Quelle sera la fin de cette course phénoménale ?

Le soleil était radieux, les ombres nettes et profondes ; le vent fouettait et accélérait le tourbillonnement de notre ballon ; les contrastes se succédaient tellement rapides et prodigieux, qu'il devenait impossible de les suivre ; l'œil et l'esprit glissaient sur cet océan merveilleux comme dans un rêve, sans plus distinguer ni les formes, ni le temps, ni l'espace. Où étions-nous? Nous ne le savions pas : une demi-minute de course libre du ballon avait suffi pour nous désorienter complètement. Si le ballon avait avancé seulement à la manière de toute autre embarcation connue, en ligne droite, nous n'aurions pas perdu le point de départ comme point de direction, malgré la rapidité de sa course ; mais le ballon tournait autour de son propre axe, sans s'arrêter et avec une rapidité effroyable. Après quelques tours passés plus vite que l'éclair, il nous était devenu impossible de nous orienter et de nous reconnaître.

Où allions-nous? A gauche, à droite,

au sud, au nord? — il était également impossible de le soupçonner.

Une boussole eût pu nous l'indiquer. Mais, je l'ai déjà dit, cet instrument, si nécessaire à tout navigateur, manquait à notre ballon. Le seul instrument que nous possédions, c'était un petit cadran barométrique qui indiquait la hauteur où naviguait le ballon. Ajoutons que le pauvre marin qui avait été improvisé aéronaute et qui devait diriger notre expédition connaissait l'art de la navigation aérienne autant qu'un habitant de la lune pourrait connaître les mystères des Brahmanes de l'Inde, et vous aurez une idée exacte de la manière dont s'effectuait notre voyage: notre expédition s'en allait, — le mot est doublement vrai, — elle s'en allait au gré du vent et du hasard.

II

MERVEILLES ET PERIPÉTIES D'UN VOYAGE AÉRIEN

Cependant, nous étions tous les trois très contents et très fiers de notre voyage. Notre humeur était excellente, le cœur nous battait plus fort à la pensée d'être pour quelque chose dans cette défense prodigieuse de la grande ville assiégée et de payer notre part dans le dévouement général.

Nous ne pensions même pas au danger, et aucun de nous n'avait arrêté son esprit un seul instant sur le côté défectueux et un peu précaire de notre équipage. Nous étions tout entiers à notre entreprise et au spectacle grandiose qui se déroulait, nouveau à tout instant, devant nos yeux éblouis. Peu nous importait où nous étions, où nous allions : nous étions sûrs au moins de ne pas rester en route.

Tout à coup, notre attention fut réveillée : un bruit singulier, caractéristique vint frapper notre oreille, et il nous apprit, cette fois-ci d'une manière certaine, où nous étions. Nous traversions les lignes de l'armée assiégeante, et elle nous présentait ses hommages en nous envoyant des coups de fusil. Mais leurs balles ne pouvaient nous atteindre ; nous les entendions bien siffler ; le ballon n'en continuait pas moins sa course rapide vers des hauteurs inattaquables.

Bientôt nous atteignions des altitudes qui nous mettaient hors la portée des tireurs, et les coups de fusil diparaissaient soudain, comme ils avaient fait leur apparition. Alors notre attention fut de nouveau captivée par les merveilles et les surprises de notre voyage aérien.

Les décrire serait impossible, et encore aujourd'hui, à vingt-huit années de distance, il me semble qu'aucune parole ne saurait donner une idée du prodigieux spectacle qui se déroulait sans cesse à nos pieds et de l'impression profonde, ineffaçable, qu'il produisait en nous. Ceux-là seuls qui ont fait des ascensions dans les grandes montagnes peuvent se rendre compte — et encore un compte bien affaibli — de ce qu'est un voyage dans les airs à deux ou trois mille mètres d'élévation.

Qui ne connaît, pour en avoir joui une seule fois dans sa vie, ce calme imposant, ce silence absolu qui règnent sur les glaciers éternels et qui, de concert avec le panorama immense qui se découvre sur ces hauteurs presque inaccessibles, remplissent l'esprit du voyageur d'une admiration sublime, d'une sorte de délire poétique? Eh! bien, l'impression que j'ai reçue et que j'ai gardée de ce voyage aérien laisse bien loin derrière elle les souvenirs féeriques des montagnes et des glaciers.

C'était bien le même calme, le même silence absolu et grandiose, le même repos majestueux, comme l'approche de la divinité, mais l'horizon était plus large, le spectacle plus varié. Le ballon voguait, marchait toujours, et la rapidité de sa course changeait à chaque minute l'immense horizon. Les teintes lointaines et effacées servaient comme de bordure aux couleurs plus vives et plus accentuées des sites rapprochés et inondés de lumière; les vallées et les montagnes se succédaient et se confondaient comme les vagues toujours nouvelles de la mer.

Oui, c'était comme les vagues de la mer, la comparaison est exacte, car il y avait toujours un océan immense sous nos yeux, et un océan comme aucun marin n'en a jamais contemplé. Tout y est et tout s'y confond : la plaine et la montagne, la terre et la rivière, les villes et les campagnes, les prairies et les forêts ; tous les contrastes s'y enchaînent, toutes les couleurs, toutes les nuances y brillent et s'y reflètent, et, sur ce vaste océan resplendissant sous un ciel sans nuage, marche l'ombre gigantesque du ballon comme l'image d'un spectre inconnu qui traverse l'univers.

Je cherche encore des expressions, mais il me semble qu'aucune parole humaine ne saurait rendre la fascination que nous subissions alors, ni décrire ce spectacle extraordinaire qui s'offrait à nos yeux éblouis et qui paraissait surgir d'un monde inconnu.

Pendant que le ballon continuait son chemin, allant tantôt doucement, comme bercé par un zéphire, et tantôt comme violemment agité par le vent de l'orage qui commençait déjà à se préparer, nous nous étions habitués à la grandeur de la scène qui se renouvelait sans cesse sous nos yeux.

Une fois revenus de notre admiration, il nous semblait naturel de nous trouver ainsi transportés dans un équipage aérien planant à plus de 2,000 mètres au-dessus de notre habitation ordinaire, et nous cherchâmes à nous installer aussi bien que possible dans la nacelle. L'air était frais et, bien que le soleil ne fût assombri par aucun nuage, la température dans les régions élevées était très froide. Le premier besoin donc qui se fit sentir était celui de nous garantir contre le froid et de nous couvrir de tout ce que nous avions contre l'air glacial qui nous envahissait; le second était la faim.

Nous avions quitté Paris avant neuf heures du matin. Le grand air avait fouetté notre sang et réveillé notre appétit. A dix heures et demie tout l'équipage du *Vauban* — c'est le nom que portait le ballon — s'écriait comme d'une voix : « Déjeunons! »

Aussitôt dit, aussitôt fait.

Le restaurant n'était pas loin, et le repas à faire ne demandait pas de grands préparatifs.

Chacun tirait de sa poche les provisions qu'il avait emportées, et ces provisions n'étaient pas extravagantes. A cette époque, Paris était déjà rationné pour la viande, et, si ma mémoire me sert bien, il me semble que chaque Parisien avait alors droit à 100 grammes d'un bœuf qui n'avait de ce succulent animal que le nom, qu'on lui donnait abusivement et pour tromper l'estomac des Parisiens.

Mais, si le déjeuner était modeste et maigre, le vin qui l'arrosait était excellent et notre appétit de premier choix... et puis, la vue qui s'ouvrait sous le balcon de la salle à manger était de celles qui font oublier la frugalité de la table et transforment le menu le plus simple en festin. Quand chacun de nous eut fini de manger et de boire, nous envoyâmes une dépêche à M. Jules Favre.

Une dépêche du haut du ballon? Oui, une véritable dépêche.

Vous n'avez pas oublié que M. Cassier, directeur des pigeonniers de France, s'était embarqué avec moi, et qu'il avait emmené une vingtaine de pigeons. C'est un de ces gracieux oiseaux qui fut chargé de porter la dépêche à M. Jules Favre. Je lui avais promis de le renseigner autant que je le pourrais sur les péripéties de notre voyage; la partie la plus hasardeuse me paraissait en être accomplie.

J'étais loin de compte, comme on le verra, mais, à ce moment-là, je le croyais. Nous avions traversé depuis longtemps les lignes de l'ennemi, et notre ballon n'avait cessé de marcher avec une très grande et très sensible rapidité, sans changer de direction. Nous pouvions donc supposer que nous n'étions pas loin des parages de l'Ouest où nous devions atterrir. C'est dans ce sens que je rédigeai ma dépèche. J'ajoutais quelques indications sur les contrées que nous avions traversées, sur les différentes altitudes que nous avions atteintes, — car il n'est pas sans intérêt de remarquer que notre ballon, sans raison apparente, montait souvent jusqu'à 2,000 mètres d'altitude et au-dessus, pour retomber ensuite, sans plus de raison, jusqu'à 150 mètres et au-dessous.

Lorsque ma note fut terminée, je roulai étroitement le petit papier carré sur lequel elle était écrite, je la ficelai et M. Cassier dissimula le petit rouleau sous les plumes du pigeon, en l'attachant très habilement à la partie supérieure d'une patte de l'oiseau. Et « bon voyage pour « Paris ! »

Le départ du messager fut curieux à voir. Le petit oiseau semblait partager notre propre incertitude sur la direction de notre route ; il semblait ne pas se reconnaître dans la région où nous étions. Mais son embarras dura moins longtemps que le nôtre. Une fois sorti du ballon, il en fit le tour deux ou trois fois, toujours revenant sur sa trace comme pour s'orienter, cherchant sa route et s'abritant près de nous tant qu'il était dans l'incertitude. Tout à coup, relevant sa petite tête mignonne, il fit entendre comme un cri de joie, puis partit comme une flèche, en ligne droite, sans dévier, sans regarder ni à droite ni à gauche : il avait reconnu son chemin et il rentrait directement au nid, à Paris.

III

CHANGEMENT

A partir de ce moment, la partie paisible de notre voyage était terminée et une phase nouvelle plus mouvementée allait commencer.

Le vent, qui soufflait sans cesse, avait fini par ramasser là-bas, au loin, quelques nuages, presque imperceptibles dans les quatre coins de l'horizon. La marche du ballon commençait à suivre une course moins régulière ; parfois il faisait des soubresauts inquiétants, et notre baromètre montrait alors des différences de 1,000 mètres dans l'espace de quelques minutes. Une fois même, nous avons passé si près de la terre, que nous avons pu parler aux paysans qui travaillaient dans les champs. Nous leur avons demandé de nous indiquer à quel endroit nous nous trouvions; ils paraissaient avoir compris notre question et ils nous ont parfaitement répondu; seulement il nous était impossible de saisir leur réponse.

La rapidité immodérée avec laquelle le ballon avait passé dans sa course ne nous permettait plus de comprendre les paroles des paysans, le son de leur voix ne parvenait plus jusqu'à nous qu'en écho lointain d'une parole humaine, et ne faisait résonner à notre oreille que des mots inarticulés dont la signification nous échappait, tellement vite s'était agrandie la distance qui nous séparait d'eux entre notre question et leur réponse.

Une autre fois, la nacelle planait majestueusement sur une plaine immense qui remplissait l'horizon et qui s'étendait aussi loin que l'œil pouvait voir. C'est alors que je voulus effectuer notre descente. Je le dis à notre aéronaute et je lui demandai d'ouvrir la soupape, de laisser échapper le gaz lentement pour permettre au ballon de descendre tout doucement à terre.

Cette plaine qui s'étalait sous nos yeux, me paraissait comme créée exprès pour un atterrissement heureux. Nous pouvions descendre ici sans craindre aucun de ces accidents terribles qui menacent toutes les descentes sur un terrain moins propice, car le ballon ne s'arrête pas toujours quand il est arrivé à terre ; il traîne souvent la nacelle en la heurtant contre les obstacles avec une rage effrayante, ainsi que nous étions destinés à le voir.

Ici, rien de pareil n'était à craindre ; le ballon pouvait raser la terre et traîner la nacelle sur le sol plus ou moins longtemps, selon son bon plaisir sans grand danger pour nous ; il devait toujours finir, à un moment quelconque, par expirer, — dans le sens littéral du mot, — sans écraser ses voyageurs pendant son agonie. Mais il était écrit que nous devions continuer notre voyage et descendre plus tard d'une manière moins paisible.

Le marin était certainement un excellent guerrier comme tous les braves soldats de marine qui ont fait si vaillamment leur devoir pendant le siège de Paris, mais c'était un médiocre aéronaute. Il ne se rendait compte de rien, ni de la direction que nous avions suivie, ni de la vitesse de notre course, ni de la distance que nous avions pu parcourir depuis notre départ de Paris. Il me dit : « Si « vous m'ordonnez la descente, je vais ou- « vrir la soupape. Je le ferai, pour obéir à

« la consigne ; mais je me permettrai de « vous faire remarquer que nous ne sommes « pas encore loin ; nous tomberons dans « les lignes ennemies, et une fois la sou-« pape ouverte, nous ne pourrons plus re-« monter. » Je ne pouvais pas partager cette opinion ; il me semblait que nous devions être bien loin de Paris et que cette plaine devait être une de ces plaines fertiles de la Normandie qui s'étendent des bords de la Seine jusqu'à la mer.

En effet, partis par un vigoureux vent d'est et en route depuis plus de deux heures, nous avions toujours voyagé avec une très grande rapidité qui, parfois même, nous était pénible ; et, à moins de supposer que le ballon eût changé de direction en route, ce qui n'était guère probable, le vent n'ayant pas changé du tout, il était facile de se rendre compte de l'espace qui nous avions dû parcourir.

Il suffisait de regarder l'ombre du ballon qui glissait à grande vitesse sur la terre lointaine.

Si, à une hauteur de 1,000 ou de 1,500 mètres, la marche de ce fantôme immense pouvait nous paraître extrêmement accélérée, quelle avait dû être la vitesse réelle du ballon lui-même, qui projetait au loin ces ombres rapides!

Je fis part de mes réflexions à notre pilote; mais insensible à mon raisonnement, il ne voulait rien entendre, secouait la tête en signe de doute et me répétait toujours, sans consentir à entrer dans aucun de mes raisonnements: « Si vous « le commandez, j'obéirai, mais je crois « qu'il vaudrait mieux attendre. »

Je finis par céder, et je consentis à attendre, me disant à moi-même que, somme toute, nous n'étions pas trop mal dans les airs et qu'il vaudrait toujours mieux prolonger un peu notre séjour là-haut que de descendre trop vite sur la terre pour tomber entre les mains de l'ennemi.

Et nous continuâmes notre voyage.

Hélas ! c'était une faute, une faute irréparable, et qui a failli nous coûter bien cher.

A partir de ce moment, le temps changea tout à coup et, un quart d'heure à peine plus tard, tout espoir de terminer notre voyage paisiblement par une descente régulière était complètement perdu.

L'horizon, si clair et si rayonnant jusqu'alors, avait commencé à prendre des teintes sombres inquiétantes. Des vapeurs sortaient et montaient; on ne voyait pas d'où elles venaient, mais elles venaient sans cesse, roulant, remuant, rempant, épaississant de plus en plus : une tempête se formait autour de nous. C'était un spectacle étrange, superbe à la fois et terrible, d'une beauté tellement saisissante par son horreur même, que j'ai oublié, sur le moment, que nous-mêmes nous allions jouer un rôle dans ce drame émouvant.

IV

LA TEMPÊTE

Je vais essayer de raconter ce que j'ai vu.

Notre ballon se trouvait au-dessus de l'orage en formation; la tempête se préparait, pour ainsi dire, sous nos yeux. Le ciel, au-dessus de nos têtes, n'a pas changé d'aspect: il conservait sa placidité et sa transparence d'azur.

Nous voguions donc au-dessus des nuages, regardant sous nous la tempête, au-dessus de nous le soleil sans voile.

Le contraste était éblouissant : sur notre tête, la clarté dorée, brillante et intense d'un ciel bleu sans nuage, cet azur transparent de l'air pur, inondé de lumière; au-dessous, le regard plongeait dans une nuit profonde et mobile: c'était une masse noire en ébullition, un chaos inquiet qui paraissait mis en mouvement par des mains de géants, quelque chose d'indicible, quelque chose sans nom, sans forme ni couleur, roulant, rampant, grouillant, — le tohu-bohu de la Genèse.

On aurait dit qu'une armée de titans fouettait, balayait, tourmentait les nuages qui s'entassaient et s'écroulaient les uns sur les autres pour être entassés de nouveau et s'écrouler sans cesse.

Et sur ce chaos enfiévré on entendait gronder le tonnerre, tandis qu'un vent glacial et violent chassait les nuages comme le loup disperse les moutons quand il s'abat sur un troupeau. Notre pauvre ballon, qui cependant était grand et lourd, car — je l'ai dit, il n'emportait pas moins de 1,000 kilogrammes — n'était plus qu'une plume légère sur les ailes de l'ouragan. Il dansait follement, en haut, en bas, à gauche, à droite, secoué, agité, ballotté comme un esquif fragile. Nous voguions ainsi sur cette mer orageuse sans boussole ni gouvernail, captivés par la grandeur et la nouveauté du spectacle.

Combien de temps a duré notre course à travers la tourmente ?

Je ne saurais le dire ; mais tout à coup l'aéronaute s'écriait : « Monsieur, nous « descendons ! » et le ballon, sans montrer aucune rupture ni rien qui pût expliquer cet accident, descendait rapidement, ou plutôt tombait perpendiculairement comme une masse.

A ce moment, nous nous trouvions encore au-dessus des nuages, qui versaient des torrents de pluie sur la terre, et il nous était impossible de voir, à travers la nuit épaisse qui s'étendait, froide et humide, sous nos pieds. Vainement nous cherchions à nous orienter, à deviner sur quoi et comment le ballon allait nous échouer. Était-ce sur la terre ferme, sur la mer, sur la montagne, ou sur les arbres d'une forêt que nous allions verser?

Le moment était critique.

Vite, allégeons le ballon! et nous voilà tous occupés à monter du fond de la cale le ballast que nous avions pris à bord — c'étaient des sacs de gros sable — et les habitants du pays sous nous ont dû être étonnés de voir, tout d'un coup, tomber une pluie de gravier mêlée à l'averse d'eau qui inondait la campagne.

Mais le ballast n'arrivait pas assez vite et le ballon ne cessait pas de descendre. Oh! il descendait avec une rapidité qui nous donnait le frisson et qui imprimait à notre propre travail une activité fiévreuse. Nous montions les sacs de lest rapidement comme de véritables matelots qui n'ont jamais fait autre chose de leur vie; chacun se mettait à la besogne et les sacs de sable tombaient comme grêle.

Tout à coup le jour disparaît, des ténèbres nous enveloppent, une bruine froide et intense nous inonde, nous nous sentons pénétrés jusqu'à la peau d'une humidité glaciale : nous franchissions un véritable tunnel aérien, si cette image est permise. Nous étions au milieu des nuages qui, tout à l'heure, roulaient à nos pieds la tempête et que traversait maintenant notre ballon. Lorsque celui-ci en fut sorti, ruisselant de pluie et de givre, je m'aperçus avec stupéfaction que nous nous trouvions juste au-dessus d'une vaste forêt qui pointait vers nous ses cimes comme autant de lances menaçantes. Nous allions inévitablement échouer au milieu du bois, dans les branches des arbres.

Je me tenais debout pour mieux voir, mais ce que je voyais était angoissant : une forêt sans fin s'étalait sous mes yeux, une forêt épaisse qui montrait ses milliers de branches comme autant de défenses terribles prêtes à nous déchirer. Nulle part une éclaircie qui pût donner de l'espoir.

Et le ballon continuait à descendre, malgré son allégement, avec toute la vitesse de son poids énorme ; et je regardais toujours, comme un homme qui, sans pouvoir se défendre, se voit précipité dans un abîme inévitable.

« Pourvu que nous puissions encore « dépasser le bois ! » A peine avais-je prononcé ces paroles qu'un fracas formidable se fait entendre : un choc terrible a secoué tout notre corps comme s'il avait voulu disloquer tous nos membres : la nacelle s'était jetée dans les arbres qu'elle broyait, émiettait comme des brins fragiles. La chute était terrible ; cependant, lorsqu'elle s'est produite, lorsque j'ai senti les premiers symptômes du dénouement, j'ai poussé comme un soupir de soulagement. « Enfin ! c'en est fait ! « c'est fini ! » — L'inconnu qu'on redoute, qui s'impose sans qu'on puisse y résister, est toujours plus inquiétant que la réalité une fois qu'on l'a vue en face.

Malheureusement, tout n'était pas encore fini, et une péripétie bien autrement longue et accidentée nous attendait. La nacelle seule s'était échouée contre les arbres, en les cassant sous la violence du choc et du poids, mais le ballon lui-même planait encore intact sur la nacelle, offrant au vent tout son volume, et il nous traînait avec une puissance effroyable sur les arbres, qui se brisaient sous le choc et qui en même temps retenaient la nacelle pendant qu'elle s'enchevêtrait dans les branches broyées ou tordues.

Ce fut une lutte effroyable! Le ballon voulait remonter, les arbres nous retenaient, et la nacelle était traînée ainsi sur les arbres, heurtant, choquant, brisant, démolissant tout ce qu'elle rencontrait dans sa course effrénée.

V

LA CHUTE

Là était le danger, et notre situation paraissait absolument perdue. Mourir n'est pas ce qu'il y a de plus redoutable dans les destinées de l'homme. Lorsque nous nous sommes embarqués sur le *Vauban,* nous avions fait le sacrifice de notre vie, nous savions parfaitement que nous nous exposions au danger de rester en route. La mort éventuelle était donc entrée dans nos prévisions ; mais mourir, déchiré par une force aveugle, être traîné sur les arbres et ne pas savoir si les branches vont arracher d'abord le bras ou la tête, voilà une situation qui était plus pénible que la mort. Et il n'y avait ni force matérielle, ni intelligence, ni aucun moyen quelconque pour nous défendre ; nous n'avions plus à compter sur rien, absolument rien, si ce n'est le hasard, aveugle lui-même comme la force qui se jouait de notre existence. Cette situation a produit dans mon imagination un phénomène étrange, que je n'ai jamais su m'expliquer et que je me permettrai de raconter ici.

Pendant quelques instants j'ai eu comme une vision.

Le fait en lui-même n'a rien d'extraordinaire, il peut s'expliquer facilement ; mais ce qui, pour moi au moins, est plus difficile à expliquer, et ce que, jusqu'aujourd'hui, je n'ai jamais pu comprendre, c'est qu'en même temps j'étais absolument, entièrement maître de moi-même, en pleine possession de mon esprit, de ma volonté et de mon sang-froid, et que je subissais la vision, sachant que ce n'était qu'une vision, et comme un homme qui regarde un phénomène extraordinaire avec intérêt et curiosité.

Voici ce que j'ai vu :

J'étais transporté dans mon pays natal et je me trouvais dans la maison paternelle.

Le grand salon était éclairé, comme pour une fête.

Il était plein de monde; toute ma famille m'entourait ainsi que mes amis et mes compagnons d'enfance.

Ma mère était là au milieu, belle mais pâle; elle m'embrassait et pleurait; mon père, mon cher père, qui nous a quittés depuis et qui repose maintenant dans l'éternité, ma petite sœur, mes frères, tout le monde s'empressait autour de moi et je leur disais « Adieu ! »

Il faisait nuit dehors, mais la lumière du grand lustre répandait ses clartés sur cette société nombreuse. Ils étaient tous en vêtements de fête, comme aux grands jours, mais la fête était silencieuse et il n'y avait que la voix caressante de ma mère qui me disait: « Ne me quitte pas « encore. — Non, ma mère. » Et la vision disparut.

Si je n'avais pas la preuve la plus indiscutable qu'au même moment où j'eus cette vision, j'étais d'un sang-froid absolu et en possession complète de moi-même, le fait n'aurait rien d'extraordinaire et pourrait être facilement expliqué par un état nerveux, par les fatigues et les surexcitations que nous subissions depuis le commencement du voyage.

Mais je regardais la vision comme une simple vision; j'assistais à la scène tout en sachant qu'elle était chimérique et j'avais tout mon sang-froid, j'étais en possession de toutes mes facultés; mon intelligence et ma conception étaient absolument lucides.

En voici la preuve.

Dès le premier moment et aussitôt qu'allait se produire le premier choc de la nacelle sur la forêt, j'ai imaginé un moyen de me défendre et de me garer qui supposait de la réflexion, et qui exigeait du sang-froid.

Tous ceux qui ont vu des aérostats savent qu'il s'y trouve, entre le ballon et la nacelle, un cercle de bois solide, destiné à attacher d'un côté le ballon et de l'autre à retenir la nacelle. Ce cercle de bois, appelé « la couronne », flotte entre le ballon et la nacelle qui, l'un et l'autre, s'y rattachent par de forts cordages.

Or, la couronne, par cela même qu'elle flotte entre les deux cordages, est ainsi le meilleur refuge pour échapper aux conséquences d'un choc qui doit nécessairement s'amortir considérablement avant de se transmettre à la couronne à travers les cordages, d'autant plus que cette dernière se trouve encore à une grande distance de la nacelle. Pour l'atteindre, il fallait monter sur le banc, de là se hisser le long des cordes sur le bord de la nacelle pour gagner ainsi la couronne qui se trouvait encore éloignée de quelques mètres.

Aussitôt que je vis que tout espoir de nous maintenir en l'air était perdu et que notre nacelle allait infailliblement heurter le sommet des arbres, je bondis sur le banc et escaladai la couronne.

Ce raisonnement et l'exécution rapide que j'en ai faite au moment juste du danger prouvent suffisamment que j'avais bien mon sang-froid alors que ma vision accompagnait notre chute. Bien mieux, je me souviens encore d'avoir ri d'une exclamation, qui prêtait réellement à rire, de mes compagnons de voyage.

Lorsque mes compagnons me virent monter sur la banquette et, de là, sur les bords de la nacelle pour gagner la couronne le long des cordages, ils me demandèrent très sérieusement si j'allais sortir? La question me fit sourire; et, en effet, il y avait quelque chose de comique dans le contraste qui existait entre notre situation et la question de mes compagnons de route : « sortir » d'un ballon qui marche et qui est sur le point de se précipiter sur les cimes d'une forêt! Mais ils m'avaient demandé très sérieusement, et avec une certaine anxiété : « Est-ce que vous « sortez ? — Non, fis-je, en souriant ; où « voulez-vous que j'aille ? » C'est à ce moment même que ma vision apparut.

Mais je reviens à notre descente.

Le ballon, qui nous traînait ainsi sur

les arbres de la forêt, avait conservé toute sa force, car il était encore rempli de gaz et pouvait nous traîner ainsi longtemps.

Que faire? Ouvrir la soupape n'était pas le moyen de l'arrêter; il aurait fallu trop de temps, et le gaz ne serait pas sorti assez vite. Nous décidâmes donc de couper les cordes qui liaient la nacelle à la couronne pour la séparer du ballon en furie.

Et le brave marin sortit sa bonne hache; mais à peine en avait-il donné les premiers coups, que le ballon parvint à dégager la nacelle des branches des arbres qui le retenaient et ralentissaient sa marche. Alors, reprenant son vol, il remonta comme un aigle, vers les régions plus élevées.

Nous en restâmes stupéfaits.

Un nouveau voyage allait donc commencer avec de nouvelles péripéties?

Heureusement, il ne fut pas de longue durée. La pluie et le vent fouettaient le ballon de tous les côtés et l'empêchaient de reprendre sa vigueur originaire; il ne pouvait plus monter très haut.

Une dernière lutte s'engage alors entre le ballon et l'orage qui n'avait pas cessé de sévir. Le ballon, une fois libre, tend à remonter, mais l'extrême violence de l'ouragan le retient. Dans cette lutte, il fait des bonds et des soubresauts qui nous font craindre à tout moment que la nacelle renversée ne précipite tout ce qu'elle contient pêle-mêle dans le vide. Deux fois la bourrasque nous jette à terre, c'est-à-dire dans les arbres, et deux fois la force inépuisée du ballon nous arrache de leurs branches; enfin, une troisième fois, un violent coup de vent enveloppe le ballon tout entier, le lance en le courbant jusqu'à terre au-devant de la nacelle contre un chêne magnifique, — grand et large, — que je vois encore devant mes yeux. C'était le salut. — Le ballon poussa comme un cri de déchirement, ce fracas particulier d'une forte étoffe qui fait explosion. Il éclata, déchiré tout le long de son flanc, et mille énormes lambeaux pendaient aux branches séculaires du grand chêne qui l'avait démoli.

Aussitôt nous nous sentîmes enveloppés par les nuages du gaz qui s'échappait en abondance du ballon éventré. En un instant, tout fut fini : la nacelle était arrêtée, nous étions sauvés. — Ma montre indiquait une heure juste au moment où j'ai sauté en bas de l'arbre.

Mais où étions-nous, dans quel pays ? A qui appartenait le bois qui nous protégeait encore ? — Allions-nous rencontrer des Français, ou étions-nous tombés en pays ennemi? Le vieux navigateur Ulysse, lorsqu'il se réveilla sur la falaise d'Ithaque, n'était pas plus ignorant de son sort que nous, lorsque nous sortîmes de la nacelle, du haut des branches de l'arbre où elle était restée enchevêtrée.

VI

UNE RENCONTRE

D'ordinaire je suis très mauvais topographe; je ne m'oriente pas facilement dans les pays que je vois pour la première fois. Mais, pendant notre voyage aérien, le danger avait aiguisé mes facultés et je retenais avec une attention soutenue tout ce qui se présentait à nos yeux.

Lorsque le ballon s'éleva pour la seconde fois sur la forêt, j'avais remarqué, du haut de mon siège, un chemin assez large qui traversait le bois et qui paraissait conduire au village voisin. J'ai retenu ce chemin dans ma mémoire et, pendant la dernière lutte de notre ballon, j'ai essayé de me rendre compte de nos mouvements pour ne pas perdre de vue la direction de mon chemin, si bien que, lorsque nous eûmes enfin touché la terre, j'ai pu le retrouver.

Je laissai mes compagnons de voyage en garde auprès du ballon naufragé, et je me dirigeai à gauche à la recherche de la route.

Je ne m'étais pas trompé : après une marche de dix minutes à peine, je rencontrai le chemin que je cherchais. Très heureux de ma découverte, j'allais rentrer sous bois pour avertir mes compagnons de voyage, lorsque je vis, de l'autre côté de la route, sortir de dessous bois un homme qui se dirigait vers moi.

Quel était cet homme et que me voulait-il? Quel était le hasard singulier qui l'avait poussé dans ce bois par un temps pareil?

Il pleuvait toujours à torrents.

Au lieu de rentrer sous bois, comme j'en avais l'intention, pour retrouver mes compagnons de voyage, je fis semblant de chercher un abri contre la pluie et je m'adossai contre un arbre.

Cette position me permettait d'attendre, de laisser venir mon inconnu et de l'examiner pendant qu'il traversait le chemin pour venir à moi.

Il ne tarda pas à arriver. Il était bien mis et avait les apparences d'un homme à son aise. Il ne ressemblait ni à un paysan, ni à un habitant de grande ville, et il m'était difficile de deviner au juste à quel homme j'avais affaire. Cependant il paraissait me chercher, car il marchait directement sur moi et traversait la route en biaisant vers l'endroit où je m'étais campé.

Qui était cet homme? Ami ou ennemi? Que lui dire? Comment lui parler? En français ou en allemand?

Je pensai que le mieux était de ne rien dire du tout, et d'attendre qu'il m'eût adressé la parole. « Bonjour, Monsieur », me dit-il en arrivant. Je lui rendis le salut.

— « Y a-t-il longtemps que vous êtes « ici ? » me demanda-t-il.

— « Non !

— « D'où venez-vous », continua-t-il.

Je commençais à me rassurer et à constater que mon inconnu parlait avec l'accent alsacien. Mais, cet accent ne ressemble-t-il pas beaucoup à celui des Allemands, et l'Alsace n'était-elle pas entièrement occupée par l'ennemi ?

Voilà ce que je me disais en l'écoutant, et, au lieu de répondre à sa question, je lui demandai à brûle-pourpoint : « Vous « êtes Français, Monsieur ? » et, en le lui demandant, je le regardais bien en face, je ne le quittais pas des yeux, et j'essayai de lire dans son âme. « Oui, Monsieur », fut sa réponse, et ce « Oui, Monsieur », fut prononcé simplement et avec cette franchise qui ne se simule pas et qui appelle la confiance.

Je sentais qu'il avait dit la vérité. Je lui tendis la main en lui disant : « Eh bien,
« Monsieur, moi aussi je suis Français.
« Nous venons de Paris, notre ballon
« vient de tomber dans cette forêt.....

— « Ah ! c'est vous ! Grand Dieu, que
« vous avez dû souffrir ! Je vous vois de-
« puis une demi-heure lutter avec l'orage.
« Nous sommes venus, mes amis et moi,
« faire la battue dans la forêt pour vous
« chercher et pour venir à votre secours,
« car nous prévoyions un malheur. »

Je lui serrai la main de tout mon cœur, profondément touché.....

— « Mais où sommes-nous ? — A Vi-
« gneulles, dans la Meuse ; c'est le bois

« de Vigneulles, le village est à trois kilo-« mètres, et là, derrière le bois, à une « lieue d'ici sont les Prussiens. Ils sont « venus hier matin dans le village. » Après ces paroles, il donna un signal, en sifflant d'une manière particulière, et immédiatement je vis accourir une douzaine de paysans venant de tous les côtés du bois. Il leur expliqua notre situation, leur donna des ordres, et pendant qu'ils allaient chercher mes compagnons de voyage et les débris du ballon, je me dirigeai avec mon nouveau guide vers le village pour préparer sans retard les moyens de quitter le pays aussi vite que possible.

Mon Mentor me conduisit à la mairie, petite maison de village; elle contenait, en dehors des bureaux, l'habitation personnelle du maire qui occupait le premier étage.

Cet excellent chef de village contrastait singulièrement avec le brave homme qui m'avait amené chez lui. Il tremblait lorsqu'il apprit qu'il y avait là des Français venant de Paris, fraîchement débarqués d'un ballon, et il se demandait s'il pouvait, s'il devait les abriter un instant. « Si les Prussiens apprennent que je les « ai reçus, je suis perdu!.... »

Je passe rapidement sur la scène pénible qui se passa..... Le pauvre homme est mort et, si j'en parle, c'est uniquement pour montrer que le dévouement déployé par mon guide pour nous faire parvenir sains et saufs à la frontière belge n'était pas sans danger pour lui. Il s'appelle M. Julien Thiébeaux; il était alors commis aux contributions indirectes et a été depuis percepteur aux Lilas; c'était un brave homme et un bon citoyen.

Voyant les dispositions que montrait le maire à notre égard, il me dit : « Monsieur, vous ne pouvez pas rester ici ; les « Prussiens ont leur camp à deux pas ; ils « sont venus hier, ils reviendront demain « matin ; ils peuvent venir à l'instant où je « vous parle. J'ai voulu laisser au maire « l'honneur de vous sauver, — c'est pour « cela que je n'ai rien dit ; mais, mainte- « nant il est temps d'agir. Voulez-vous « vous fier à moi ? »

Je regardais l'homme qui me parlait ainsi et je fixais mon regard sur lui une seconde fois, essayant de le pénétrer et de lire sur sa figure les secrets de sa pensée. Il me pardonnera, et ceux qui liront ceci me pardonneront aussi cette dernière trace de méfiance : elle était naturelle.

Nous étions au milieu du camp prussien ; le maire du village avait manifesté ses sentiments d'une manière peu équivoque : il ne se souciait guère de risquer sa tête pour sauver quelques inconnus qui, à son idée, avaient eu le grand tort de passer les lignes prussiennes en ballon et de tomber justement dans sa commune, cette pauvre commune, qui avait toutes les meilleures raisons du monde de vivre avec l'armée ennemie en bonne intelligence, — et un simple villageois, le premier venu, qui n'avait aucune raison de se mêler d'une mauvaise besogne, laquelle ne le regardait pas, venait s'offrir spontanément, sans que personne lui eût rien demandé, de gaieté de cœur, et, pour sauver trois inconnus à la barbe des Prussiens ! Il s'exposait à recevoir, le lendemain matin, quand il rentrerait de son expédition, des mains de l'ennemi, sa récompense, qui ne pouvait être douteuse !

Voilà les réflexions qui traversaient mon esprit pendant que M. Thiébeaux m'expliquait l'urgence qu'il y avait pour nous de partir, et pendant qu'il me faisait l'offre de nous conduire à la frontière à travers l'armée prussienne.

Je regardais donc M. Thiébeaux de nouveau, et je l'examinais non pas sans méfiance.

Mais, plus je l'examinais, et plus la méfiance s'éloignait de mon esprit.

Son œil était franc et honnête, son attitude simple et naturelle; il se dégageait de toute sa personne une expression de sincérité et de loyauté si manifestes que je cessai de douter et que je sentis comme un remords d'avoir pu soupçonner un instant seulement la sincérité de son dévouement.

Il avait fini son petit discours par cette simple question : « Voulez-vous vous fier

« à moi ? » Je lui tendis la main en lui disant : « Touchez là, Monsieur Thiébeaux, « et partons ! »

— « Mais je ne veux pas partir seul, « me dit-il. J'ai un ami qui connaît mieux « les chemins que moi, nous aurons be- « soin de lui. Je me porte garant pour lui. « Permettez-moi de l'amener. »

Peu de temps après, nous étions, mes camarades et moi, ainsi que nos braves guides, assis dans une petite voiture de campagne, et en route pour la frontière belge.

Vigneulles est situé dans la Meuse, à l'entrée d'une vaste plaine qui s'appelle la Grande-Woëvre. Là se sont livrées les batailles mémorables des 16 et 18 août 1870, les batailles qui portent les noms de Mars-la-Tour, Rezonville, Gravelotte, Saint-Privat. Le petit village se trouve entre Verdun et Metz ; il est éloigné de cette dernière place de 40 kilomètres environ.

Cela nous permet de faire le calcul du chemin que nous avons dû parcourir en ballon.

La distance de Paris à Metz doit être de près de 400 kilomètres; mais notre ballon n'a pas fait ce trajet directement. En effet, pendant la première partie de notre voyage, nous nous sommes dirigés constamment du côté opposé vers l'ouest de la France, et c'est seulement au moment de l'orage, qui a commencé vers onze heures du matin, que le vent a dû changer de direction et pousser notre embarcation du côté du Levant.

Il n'était pas encore onze heures, lorsque je manifestai le désir de descendre dans la grande plaine, qui offrait un terrain si vaste et si propice pour jeter notre ancre. A ce moment-là, le vent n'avait pas encore changé, et nous pouvions espérer atterrir dans les plaines fertiles de la Normandie ou peut-être du côté de la Bretagne. Notre aéronaute n'avait pas partagé ma manière de voir, et nous avons continué notre voyage. C'est alors, après deux heures de navigation seulement, que le temps avait changé. Il est donc évident que le ballon a dû faire au moins deux fois la distance de Paris à Metz, puisque pendant deux heures il avait navigué à pleine vitesse dans la direction opposée. Or, tout ce parcours a été exécuté dans l'espace de quatre heures, de neuf heures du matin jusqu'à une heure de l'après-midi. C'est là une rapidité vertigineuse : deux à trois cents kilomètres par heure.

Et maintenant, en route pour la frontière belge !

VII

EN ROUTE POUR LA FRONTIÈRE

La distance à parcourir maintenant était bien plus courte, mais elle était bien plus difficile à franchir, et nous n'arrivâmes à la frontière que le lendemain matin, entre dix et onze heures. Sans l'intelligence et le dévouement de M. Thiébeaux et de son ami, M. Charles Jeannot, nous ne serions pas arrivés du tout.

C'était un voyage lent, long et pénible, une véritable odyssée à travers un pays entièrement occupé par l'ennemi.

Il n'entre pas dans le cadre de ce court récit d'en raconter les péripéties et les épisodes... cela nous mènerait trop loin et d'ailleurs ne servirait qu'à ranimer de tristes souvenirs. Si je m'y arrête un instant, c'est pour rendre hommage à nos vaillants guides, qui nous ont conduits à travers les lignes de l'armée d'occupation par la nuit, par une pluie battante, avec autant d'intelligence que de hardiesse et de sang-froid. Il est évident que les Allemands ont vu notre ballon aussi bien que M. Thiébeaux et ses amis, et qu'ils se sont mis immédiatement en route pour nous capturer. Heureusement pour nous, la forêt et la pluie les avaient empêchés de suivre nos mouvements et de se rendre un compte exact de l'emplacement où nous étions tombés.

A minuit, nous avons rencontré en route quelques amis de M. Thiébeaux qui rentraient d'une foire voisine. « Rien de « nouveau ? » demanda notre guide.

— « Si : un ballon est arrivé de Paris.

« Il y avait trois ou quatre personnes ; les « uhlans sont après.

— « Quelle direction ont-ils prise ?

— « Ils les poursuivent du côté de « Verdun, je crois.

— « Y a-t-il des Prussiens dans la di- « rection de....?

— « Non ils sont aujourd'hui à....?

— « Bonne nuit ! »

Et notre voiture se remit en mouvement, tandis que les amis de M. Thiébeaux commençaient à nous demander à leur tour ce qu'il y avait de nouveau de notre côté. L'endroit où les uhlans espéraient nous atteindre était justement dans une direction opposée à la route que nous poursuivions, et M. Thiébeaux se frottait les mains de plaisir en les sachant sur une mauvaise piste.

A huit heures du matin, nous arrivâmes à Montmédy.

C'est là que nous apprîmes la triste nouvelle de la reddition de Metz.

Nous n'étions pas loin de la frontière ; une heure après, nous la franchissions, pour arriver ensuite à Virton, petite ville belge qui regorgeait de Français. C'est ici que nous prîmes congé de M. Thiébeaux et de son ami, M. Jeannot, et, par la première diligence, nous partîmes pour la plus prochaine station du chemin de fer luxembourgeois, qui nous amena à dix ou onze heures du soir à Bruxelles.

Si je me laissais aller au gré de mes souvenirs, j'ouvrirais ici une parenthèse pour tracer l'aspect curieux mais attristant de cette capitale belge où se promenaient tant de Français, où s'agitaient tant de passions, tant de rancunes et tant d'aspirations diverses et contraires ; mais à quoi bon ? Je me contenterai de dire que la ville de Bruxelles regorgeait de monde. Elle était pleine de Français, et surtout de Parisiens ; les gros bourgeois flamands avaient la figure rayonnante, épanouie, plus large qu'à l'ordinaire ; ils étaient contents des affaires d'or qui affluaient, mais ils n'aimaient pas les Français, qui pourtant leur apportaient tout cet or.

La capitale belge, que j'avais visitée souvent auparavant et qui m'avait toujours séduit par sa beauté et son élégance, me parut laide et odieuse alors, et je n'y séjournai que le temps absolument nécessaire pour préparer mon départ.

VIII

UN ESPION A DIEPPE

Avant de partir pour l'Autriche, j'étais obligé d'aller à Tours où siégeait alors la délégation du gouvernement de la Défense nationale.

Je devais donc rentrer en France et je ne pouvais le faire que par des détours. Une partie du Nord était déjà envahie; les chemins de fer ne marchaient plus régulièrement, et pour se transporter de Bruxelles à Tours il fallait se glisser à travers bien des obstacles et quitter le chemin de fer souvent pour recourir aux voitures. Les épisodes de route ne manquaient pas, mais ils n'étaient pas gais et j'aime mieux ne pas en parler. Le pays était dans la fièvre, désorganisé, occupé en grande partie et ruiné; là où l'ennemi n'était pas encore, on l'attendait, et on comptait avec anxiété les jours qui devaient amener les premiers uhlans.

Partout on se méfiait aussi des « espions », tout comme à Paris, où j'ai vu un soir la foule se rassembler devant une maison du boulevard Montmartre, et où elle aurait commis ce soir-là une cruelle injustice, si la police n'était pas intervenue en temps utile pour éclairer la méprise.

Il y avait de la lumière dans une mansarde, au sixième étage. C'était une pauvre ouvrière qui travaillait; mais on supposait qu'elle donnait avec sa petite lampe des signaux du haut de sa mansarde aux Prussiens qui assiégeaient Paris. Ils se trouvaient encore à une distance de vingt à trente kilomètres du boulevard, au moins, alors même qu'ils avaient approché leurs travaux de nos remparts. Il était donc absolument inepte de supposer qu'on pût donner des signaux aux Prussiens d'une fenêtre des boulevards. Cependant la faible petite lumière, au sixième, suffisait pour faire croire aux passants qu'il y avait là-haut un espion qui communiquait avec l'ennemi et lui parlait par des signaux. C'est cette manie de voir des espions partout qui m'a valu un bon quart d'heure d'amusement, alors que je m'y attendais le moins.

Le fait se passa à Dieppe. Cette charmante petite ville, que tout Parisien connaît, bien paisible et bien innocente, au bord de la mer, certes ne pouvait en rien attirer l'attention de M. de Moltke ni de ses généraux, et cependant on manqua m'y arrêter comme un vil espion par autorité du sous-préfet, qui flairait là une combinaison astucieuse du feld-maréchal prussien pour prendre cette importante place forte sans coup férir.

Je venais d'arriver d'Eu en voiture, et j'étais venu à Dieppe pour y prendre le chemin de fer.

En attendant l'heure du départ, je m'étais rendu à l'hôtel pour déjeuner avec les personnes qui étaient venues avec moi ou, pour être plus exact, qui m'avaient conduit dans leur voiture, la mettant très gracieusement à ma disposition, parce qu'il n'y avait pas d'autre voie de communication, pour le moment, entre Eu et Dieppe.

A peine étais-je assis à table, que l'hôtelier s'avança avec force révérences et, bégayant mille excuses, me dit que quelqu'un était là... une personne que..., un Monsieur qui..., enfin quelqu'un qui désirait me parler.

Comment! quelqu'un qui voulait me parler à neuf heures du matin, à moi, à l'inconnu, à l'étranger qui venait de loin et qui, après avoir passé la nuit en route, était à peine arrivé dans la localité? La demande me paraissait curieuse, et je pressentais une mystification. « Faites « entrer », dis-je à l'hôtelier en souriant; car son air embarrassé et grave me faisait rire malgré moi.

La salle à manger était précédée d'un grand corridor sombre, qui n'était pas éclairé et dans lequel on distinguait difficilement ce qui s'y passait. Mon hôtelier se précipite dans le corridor et disparaît dans l'obscurité.

Un instant, silence profond; puis j'entends des pas précipités, une rumeur confuse; je vois vaguement un mouvement mal défini, des armes qui se trahissent par quelque lueur, des bras qui s'agitent dans le fond de la presque obscurité, des pas qui s'avancent ; enfin, un homme se détache du fond et approche, une voix éclate et un fou rire accompagne ces paroles : « Ah ! c'est vous, Reitlinger? « Elle est bonne celle-là ! » Et lorsque, agitant ses longs bras, l'homme qui parlait ainsi sortit des ténèbres du corridor où il se tenait avec ses hommes armés, je reconnus en lui un ancien camarade : j'avais devant moi l'un des plus charmants substituts de province, qui a fait l'ornement du parquet de Dieppe et que j'ai connu lorsqu'il faisait ses études à Paris. Alors, s'asseyant à notre table, il me raconta qu'il était venu purement et simplement pour mettre ma personne dangereuse en lieu sûr et de manière à m'empêcher de nuire à la défense nationale!

On avait rapporté à l'autorité suprême de Dieppe que le secrétaire du Gouvernement était descendu à l'hôtel. Le sous-préfet, à ce bruit, avait dressé l'oreille, avait haussé les épaules, avait secoué la tête, et il avait réfléchi, l'incrédule, dans son esprit! Le secrétaire du Gouvernement? — La bonne invention, la grosse imposture! Est-ce que le Gouvernement n'était pas à Paris? Est-ce que Paris n'était pas assiégé par les Prussiens? Est-ce que les Prussiens n'auraient pas intercepté ce secrétaire?

On ne la baille pas ainsi à l'autorité qui veille sur la ville et sur le pays entier d'un œil vigilant et circonspect!

Ce secrétaire-là est purement et simplement un espion, et il se couvre du nom du Gouvernement pour mieux cacher son jeu, mieux trahir la pauvre ville de Dieppe et relever le plan de ses fortifications avec plus de sécurité: mettons-le sous verrous.

*

Et il avait mandé en toute hâte le parquet, et le parquet, admirant la perspicacité du sous-préfet, avait mandé la force armée et il s'était mis avec empressement à la tête de l'expédition pour s'assurer de ma personne. Mon substitut était le premier à rire avec nous du déploiement de la force armée et de sa propre précipitation à prendre part à une équipée pareille.

« Maintenant, me dit-il en riant, que « la sécurité de notre pays le permet, je « vais renvoyer mes braves, et nous « allons boire au succès de votre mis- « sion ! »

C'était parfait, mais je me demande ce qui serait arrivé si la besogne de m'arrêter avait été confiée à un autre qu'à ce substitut ami qui me connaissait, par hasard, personnellement ?

Est-ce que M. le sous-préfet m'aurait

gardé sous les verrous ou aurais-je été obligé de lui montrer les lettres confidentielles du ministère, qui m'accréditaient pour ma mission ?

Et puisque je suis arrivé à la fin de mon récit, je ne veux pas le terminer sans raconter encore un tout petit fait qui m'a paru caractéristique ; il me semble qu'on peut en tirer un enseignement.

C'était dans le cabinet d'un ministre.

Le personnage officiel français qui m'avait présenté allait se retirer pour nous laisser seuls, lorsque le ministre laissa échapper de ses mains un trousseau de petites clefs qui tombèrent à terre.

Aussitôt mon introducteur, avec la rapidité d'un chat qui se jette sur une souris, se précipite entre nous deux pour ramasser obséquieusement les clefs tombées entre les deux jambes du ministre ; mais celui-ci, avec un geste que j'ai encore devant les yeux, retire son trousseau et, se calant dans son fauteuil, dit tranquillement : « Merci ! Monsieur..., inutile de « vous déranger... »

En effet, le trousseau de clefs était attaché à une boutonnière de son gilet par une chaîne qu'il attira flegmatiquement à lui, sans même laisser à l'homme trop empressé la satisfaction de lui rendre le service qu'il ambitionnait.

Assis en face de lui, je voyais la figure du ministre en pleine lumière, et son petit sourire narquois, qui m'a fait monter le rouge au front, me hante encore aujourd'hui.

C'était, en effet, inutile.

La personne qui se retirait n'avait nullement besoin de se déranger ; elle pouvait parfaitement ignorer, comme moi-même, ces petites clefs.

Mais, cette même personne, si obséquieuse vis-à-vis du ministre étranger, aurait plus ou moins mal reçu un de ses compatriotes qui serait venu lui demander un service, ou seulement un renseignement.

Sans insister autrement, je termine, en tirant de cette petite anecdote la conclusion suivante que je dédie à la méditation de qui de droit :

« Sachons être un peu plus fiers d'un « côté, et, par contre, un peu moins « hautains de l'autre! »

TABLE DES MATIÈRES

PREMIÈRE PARTIE

LES DISPOSITIONS DE L'EUROPE ET LA CONCLUSION DE LA PAIX

SECONDE PARTIE

« LE VAUBAN »

PÉRIPÉTIES DE VOYAGE

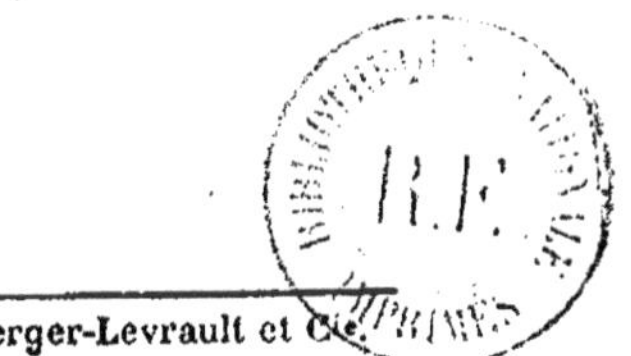

Nancy, impr. Berger-Levrault et Cie.

www.ingramcontent.com/pod-product-compliance
Ingram Content Group UK Ltd.
Pitfield, Milton Keynes, MK11 3LW, UK
UKHW021102230726
13926UKWH00004B/1982

9 782016 134078